그 회사는 직원을 설레게 한다

Alive at Work

그 회사는 직원을 설레게 한다

직원을 모험가로 만드는 두뇌 속 탐색 시스템의 비밀

대니얼 M. 케이블 지음 | 이상원 옮김

갈매나무

차례

Part 3 : 실험

Part 4 : 목적의식

이 책에 보내는 찬사

직장에서 삶의 질을 높이는 데 관심이 있다면 이 책의 생생한 사례들을 세심하게 살펴보라. 대니얼 M. 케이블은 조직에 생명을 불어넣을 과감한 비전과 실용적 아이디어를 제시할 것이다.

애덤 그랜트 와튼스쿨 조직심리학 교수, 《오리지널스》, 《옵션 B》 저자

대니얼 M. 케이블은 비범하고 날카로운 통찰력을 바탕으로 대다수 조직이 학습하고 성장하려는 우리의 타고난 생물학적 충동을 억제하고 있고, 그 결과로 우리를 비생산적이고 무력한 존재로 만들어버린다는 점을 지적한다. 그 해결책은 조직을 우리의 진정한 자아와 조화시키는 몇 가지 노력이다. 연구 자료를 바탕으로 실용적 방안을 제시하는 이 책을 모든 층위의 리더들에게 강력 추천한다.

대니얼 핑크 미래학자, 《드라이브》, 《파는 것이 인간이다》 저자

대니얼 M. 케이블은 리더를 괴롭히는 문제들에 대해 열정적인 주장을 펼친다. 직원들이 자기 업무에 더 큰 열정을 보이도록 독려할 방법은 무엇일까? 이 책은 동기부여와 적극성에 대해 완전히 새로운 시각을 갖게 할 것이다.

게리 하멜 경영전략가, 《경영의 미래》, 《지금 중요한 것은 무엇인가》 저자

우리 앞길을 밝혀주는 책이 10년에 한 번 정도는 등장한다. 대니얼 핑크의 《드라이브》 이후 리더십의 미래를 이토록 명확하게 안내한 책은 처음이다.

브루스 데이즐리 트위터 유럽·중동·아프리카 담당 부사장

이 책은 우리 마음과 감정을 들여다보는 책이다. 무엇이 우리를 설레게 하는지, 내면에 불을 붙이는지, 더 많은 것을 성취하도록 이끄는지 알려준다. 이 책으로 깨달음을 얻은 리더들은 타인의 열정과 목적의식도 독려하게 될 것이다.

윌리엄 로더 에스티로더 CEO

기업은 혁신하는 직원을 간절히 필요로 한다

일할 때는 내 영혼이 종일 뭘 하는지 모르겠다.

-런던의 그래피티 문구

몇 가지 질문으로 시작해보자. 당신은 일에 열정을 느끼는가? 아니면 그저 닥치고 버텨나가는 중인가?

첫 번째 질문에 '네'라는 답이 나왔다면 당신은 운 좋은 소수에 속한다. 하지만 사람들을 이끌고 동기를 부여하는 리더 입장이라면 여전히 당신의 아랫사람들이 '아니요'라고 답할 가능성이 남아 있다.

미국과 글로벌 갤럽 Gallup 조사 모두에서 직장인의 80퍼센트가 자신이 직장에서 최고의 모습을 보일 수 있으리라 믿지 않는다고 답했다. 또한 70퍼센트는 업무에 전념하지 않는다고 답했다. 직장인 절대 다수가 '자기 일에 전념하지도, 열정을 갖지도 않는다'는 뜻이다. 17퍼센트는 아예 '적극적으로' 일을 등한시한다고 하였다.[1] 하루 종일 하고 있는 업무가 생각하기도 싫을 만큼 지긋지긋한 대상이 되어버린 것이다. 또 다른 연구를 보면 미국 직장인의 87퍼센트 이상이 업무에 열정이 없고 따라서 잠재력을 최대로 발휘하지 않는다고 한다.[2]

이들 수치는 충격적이지만 별로 놀라운 소식은 아닐지도 모른다. 리더들 모두가 이미 속으로는 이 문제를 절감하고 있을 것이다. 왜일까? 일단 우리 자신이 그 고통을 안다. 최근 내 친구 한 명은 "당연히 일은 고역이야. 그래서 일이라 불리는 것이고."라고 말했다. 정도의 차이는 있지만 모두가 지루하고 창조성 제로인 직장 업무에 진절머리가 난 상태다. 그리하여 어느 시점엔가는 열정이 바닥나버리고 일이란 주중 내내 이어지는 긴 출퇴근에 불과해진다.

다들 그런 상황을 겪는 법이라 하더라도 당신의 직원들이 잠재력을 최대로 발휘하며 살지 않는다면 문제가 된다. 직원들이 하나같이 업무에 의미를 부여하지 못하고 대충 처리하는 상황은 재앙이나 다름없다.

그러나 직원들이 노력을 덜 한 탓에 이런 부정적인 상황에 빠진 것은 아니라는 점을 꼭 기억해야 한다. 직원들은 동기부여를 원한다. 직장에서 의미를 찾고 싶어 한다. 하지만 직장 생활의 여러 현실 때문에 '활기찬 일터'는 까마득히 먼 일이 되어버리고 만다.

실제 사례를 들어보자. 톰은 대학을 졸업한 후 대형 회계사무소들의 웹사이트 디자인 및 관리 업무를 시작했다. 처음에는 기대와 열정이 가득했다. 입사한 곳이 취업 자리 세 군데 중 월등히 보수가 높았을뿐더러 개인적 발전의 기회도 풍부하다고 전해 들었던 것이다.

하지만 행복은 오래가지 않았다. 톰은 "곧 제 상사가 실험적 시도에는 시간도 인내심도 할애하지 않는다는 걸 알게 되었습니다. 개인적 발전보다는 관행과 규칙에 매달리는 사람이었고 섣불리 새로운 시도를 하다가 애초 계획과 어긋나면 큰일이라는 걱정이 많았습니다. 저한테는 성장할 여지가 거의 없었지요."라고 말했다.

톰은 당장 포기하지는 않았다. 열린 마음으로 낙관적 태도를 가지려 했다. 일부 프로세스를 개선하고 나름의 개성을 디자인에 접목했다. 하지만 웹사이트 성능 평가 수치에 압박을 느끼는 상사는 그런 아이디어를 도입할 유연성을 발휘하지 못했다.

톰은 결국 마음을 닫아버렸다. 맡은 일을 성실히 해냈지만 열심히 하려는 동기도 없고 열성을 다하지도 않았다. 짜인 각본에 따라 움직이는 느낌이었다. 자신의 창의적 제안에 상사가 반응하지 않는 것이 참으로 불쾌했다. 불과 한 해 만에 톰은 큰 그림과 유리된 채 사소하고 반복적인 업무를 하게 되었다.

안타까운 결과였다. 톰은 월급날만 바라보며 일하는 유형이 아니었다. 재능과 총명함을 갖추었고 새로운 것을 배워 자기 지평을 넓히려는 마음도 컸다. 하지만 상사가 계속 발목을 잡았다. 결국 톰은 회사에 더 기여하는 대신 다른 곳에서 만족을 찾기로 했다. 일하는 틈틈이 외부의 웹사이트 관리 프로젝트에 지원해 프리랜서로 일하게 된 것이다. 프리랜서 작업이 본래 일과 별로 다르지 않다는 건 역설적이었다. 하지만 주인의식을 갖고 더 자유롭게 작업할 수 있어 톰에게는 보다 의미가 컸다.

애석하게도 톰의 사례는 예외적이지 않다. 대규모 조직의 직원들은 대체로 톰과 비슷하다. 갤럽 조사에 따르면 대다수의 직장인들이 직장에서 최고의 모습을 보일 수 없다고 느끼고 있다. 자신만의 능력을 발휘할 수도, 하는 일에서 목적의식을 가질 수도 없다고 여긴다. 대부분의 조직이 직원들의 잠재력을 최대로 끌어내지 못해 업무 성과가 떨어지고 직장은 따분한 곳이 되고 만다.

이렇듯 우리의 회사 조직은 직원들을 좌절시킨다. 하지만 직원들이 업무에 전념하도록 만드는 일은 분명 가능하다. 일단은 직원들의 열정 결여가 동기부여 문제가 아니라는 점을 이해할 필요가 있다. 이는 바로 생물학적인 문제다.

• • •

핵심은 이것이다. 많은 조직이 직원들의 두뇌에서 '탐색 시스템'이라는 부분을 억누르고 있다.[3] 탐색 시스템은 세계를 탐험하고 환경을 학습하고 주변에서 의미를 추출하는 자연스러운 충동을 만든다.[4] 탐색 시스템이 이끄는 대로 따라갈 때 동기부여 및 즐거움과 연결된 신경전달물질 도파민이 분비되고 이를 통해 우리는 더 많이 탐험하고 학습하게 된다.[5]

탐색 시스템은 우리 선조들이 아프리카 바깥을 찾아 나서도록 독려했다. 날 새는 줄 모르고 취미 활동에 매달리거나 그저 흥미롭다는 이유로 새로운 기술 및 아이디어를 찾아다니는 것도 우리 두뇌의 탐색 시스템이 작용한 결과다. 잡혀 온 동물들이 주는 먹이를 받기보다 스스로

먹이를 찾고 싶어 하는 이유도 탐색 시스템에 있다.[6] 탐색 시스템이 활성화되면 우리는 더 큰 동기를 지니고 열정적으로 목적을 추구한다. 살아 있다는 느낌이 더욱 생생해진다.[7]

탐험, 실험, 학습은 인간에게 설계된 삶의 방식이다. 일 역시 그 방식에 맞춰져야 한다. 하지만 기업 조직이 탐색 시스템이 충분히 활용되도록 설계되어 있지 않다는 것이 문제다. 산업혁명으로 근대의 경영관리 방식이 도입된 이후 기업들은 학습하고 탐험하려는 인간의 자연스러운 충동을 억누르는 방향으로 움직여왔다.

생각해보라. 19세기 말, 인류는 관료제와 경영 기법을 만들어내 측정과 감시를 바탕으로 수천 명의 거대 조직을 통제하게 되었다. 관리자들은 직원들이 협소한 업무에 집중하도록 만들어야 했으므로 탐험하고 시도하려는 욕구를 억압하는 규칙을 세웠다. 덕분에 생산량이 늘고 불량이 줄었지만 직원들의 자기표현, 실험과 학습 능력, 최종 생산물에 대한 애착은 줄어들었다.

안타깝게도 산업혁명 시대의 관리법은 아직까지도 많은 부분 유지되고 있다. 경쟁력을 유지하고 품질을 확보하며 각종 법규에 맞춰야 한다는 생각에 과도하게 사로잡힌 대기업들은 직원들이 특정 역할을 넘어서서 실험하고 나름의 능력을 신장시키며 작업을 개선해나가기 어렵게끔 업무 환경을 만들어놓았다.

대부분의 리더들은 이런 상황이 최선이 아니라는 점을 개인적으로는 인식한다. 하지만 성과 측정법, 인센티브와 처벌 규정, 승진 방식 등이 이미 표준화되고 깊이 뿌리박힌 상태이므로 새로운 세대의 리더들이라 해도 별 변화를 이루지 못한다. 결국 기업들은 직원들의 탐색 시스템을 비활성화하고 공포 시스템을 활성화하게 된다. 직원들의 사고는 협소해지고 복종만이 강화된다.[8]

이런 상황에서 인간은 조심스러워지고 불안해하며 경계심을 갖게 된다. 창의적으로 반짝이고 싶지만 모든 것이 앞을 가로막는다. 결국 우울 증상을 겪기 시작한다. 아침에 일어나거나 출근할 때 두통 등 이상 증세가 나타나는 것이다.[9] 시간이 가면서 현재 상태가 변화하는 건 불가능하다고 믿게 되고 업무에 관심을 잃는다.

단조로운 업무에 무관심해지도록 만드는 우리의 진화적 경향은 뇌구조의 결함이 아니라는 점을 기억해야 한다. 이는 인간의 특성이다. 우리는 그와는 다른 일에 맞도록, 탐험과 학습을 지속하도록 설계되었다고 신체가 말해주는 것이다. 우리의 잠재력이, 더 나아가 우리 자신이 낭비되고 있음을 알려주는 인간의 생물학이다.[10] 감정신경과학 affective neuroscience의 선구자 자크 판크세프 Jaak Panksepp는 "탐색 시스템이 활성화되지 않으면 인간의 열정은 불만족의 끝없는 겨울 속에 얼어붙고 만다."라는 말로 이를 잘 표현했다.[11]

• • •

산업혁명 동안 노동자들의 탐색 시스템 억제는 의도적으로 이루어졌다. 과학적 관리는 노동자들이 지시받은 업무만 하도록 만들어주므로 이성적이고 효율적이라는 평가를 받았다.

지금은 상황이 다르다. 기업들은 그 어느 때보다 숨 가쁜 변화와 경쟁에 당면했고 변화 속도는 해마다 빨라진다. 기업은 혁신하는 직원들을 간절히 필요로 한다. 고객이 무엇을 원하는지 꿰뚫어 보는 직원, 리더보다 기술을 더 잘 활용하여 업무에 접목하는 직원, 창의성과 열정을 바탕으로 적응하고 성장하는 직원이 필요하다. 이를 위해서는 직원들의 탐색 시스템을 활성화해야 한다.

분명히 말하건대 이는 가능한 일이다. 나는 교수이자 컨설턴트로서 기업들을 오래 연구해왔고 어떻게 해야 기업의 성과가 높아지는지 가까이에서 지켜봤다. 이 책에서 우리는 탐색 시스템 활성화를 통해 기업 실적도 높이고 직원들의 삶도 개선시킨 전 세계 리더들을 살펴볼 것이다. 인도의 콜센터, 러시아의 제조 공장, 이탈리아의 조립 공장, 미국의 비영리단체, 영국의 식료품 배달 회사, 네덜란드 항공사, 중국의 은행이 사례로 등장할 것이다. 우리 안에 잠들어 있는 잠재력을 활성화할 수 있는 방법들이 계속해서 소개될 것이다.

이를 위해 기업 구조를 완전히 뒤바꿔야 하는 것은 아니다. 살짝, 하지만 결정적으로 쿡 찌르는 리더의 개입만으로도 직원들의 탐색 시스템이 활성화되어 각자의 강점을 살리면서 실험하고 목적의식을 갖는 결과가 나타난다.

．．．

이 책의 구성은 다음과 같다.

우선 탐색 시스템의 이모저모를 상세히 검토하고자 한다. 이 시스템이 어떻게 기능하는지, 성과 개선을 위해 왜 필요하며 더 가치 있는 삶에는 어떻게 기여하는지를 알게 될 것이다. 직원들의 열정, 동기, 창의성을 끌어내는 메커니즘에 대해 많이 알면 알수록 참여와 혁신을 더 높이 끌어올릴 수 있다.

다음으로는 조직이 직원들의 공포 시스템을 활성화하고 탐색 시스템을 비활성화하는 이유와 방법을 살필 것이다. 또 어떻게 이 상황을 변화시켜 직원들이 업무라는 '프레임' 안에서 '자유'를 찾도록 할 것인지도 다루려고 한다.

이어 탐색 시스템을 활성화하는 요소들인 자기표현, 실험, 목적의식을 하나씩 다루면서 다양한 위치의 리더들이 직원들의 열정과 참여를 끌어낼 수 있는 방법을 소개할 것이다. 사람들이 자기가 하는 일을 좋아하는 이유, 더 흔하게는 자기가 하는 일을 질색하는 이유에 대해 보다 심층적인 이해가 가능할 것이다.

이 책의 핵심은 직원들이 자기 일에 대해 어떻게 생각하고 느끼는지 심층적으로 드러내주는 것, 그리고 직원의 잠재력 발휘를 독려할 방법을 제시하는 것이다. 탐색 시스템을 활성화하는 것은 플러그를 전원에 꽂는 것과 같다. 잠재력은 이미 표면 바로 아래에 흐르고 있다. 당신은 그저 플러그만 꽂아 직원들이 환하게 불을 밝히도록 하면 된다.

이렇듯 직원의 탐색 시스템을 작동시켜 나타나는 결과는 열정과 동기부여, 혁신 능력 제고를 넘어선다. 직원들의 삶을 개선함으로써 리더인 당신의 업무가 보다 의미 있어지고 당신의 탐색 시스템 또한 활성화된다. 당신 자신이 혜택을 받게 되는 것이다. 기업인 테리 펑크 그레이엄 Terri Funk Graham 이 말했듯 "사람들이 자기가 하는 일에 더 큰 열정을 지닐수록 긍정적인 삶의 에너지와 성공이 더 많아진다."[12]

그럼 시작해보자.

Alive
at work

Part 1

탐색 시스템

탐색 시스템을
어떻게 활성화시킬 것인가

탐색 시스템 활성화의 이점은 쉽게 찾을 수 있다.
기대에 찬 채로 새로운 것을 학습하려는 본능적 충동에 뒤따를 때
세상은 더 살기 좋은 곳으로 느껴지고
우리는 더 창조적, 생산적인 모습이 된다.

게임이 우리 두뇌에
마약처럼 작용하는 이유

___

보니 나디Bonnie Nardi는 게임을 하지 않는 사람이었다. 아들이나 학생들이 컴퓨터 모니터 앞에 앉아 몇 시간씩 게임에 매달리는 이유를 알 수 없었다.

하지만 자신의 인류학 강의를 듣는 학생 한 명이 '월드 오브 워크래프트'라는 게임을 시연해 보인 후 관심이 생겼다. 인터넷을 통해 사회를 연구하는 것처럼 게임에서 무언가를 배울 수도 있겠다는 생각이 들었다. 그리하여 나디는 연구를 위해 그 인기 절정의 롤플레잉 게임을 직접 해보게 되었다.

그리고 오래지 않아 나디도 월드 오브 워크래프트의 열성 게이머들을 이해할 수 있게 되었다. 《나이트엘프 사제로 사는 삶My Life as a Night Elf Priest》이라는 책에서 나디는 다음과 같이 이야기했다. "게임에 입문하고 적응을 끝내고 나자 움직이는 동화 세상 속에 다시 태어난 듯한 느낌이 들었다."[1] 게임에 푹 빠져든 것이다.

나디는 책에서 온라인에서 만난 동료 게이머들과 길드를 이뤄 진행한 첫 습격을 상세히 기록했다. 이 첫 습격의 목표는 바로 나름의 능력과 전투 기술을 지닌 사악한 보스들 혹은 괴물들을 연달아 패퇴시키며 보물을 찾는 것이었다. 쉽지 않은 싸움으로 예상되었지만 팀원들의 기대감은 무척 높았다.

오후 다섯 시 30분

지구 곳곳에 흩어져 있는 길드 동료들은 퀘스트 30분 전에 만나 음성과 문자로 소통하며 위키피디아, 블로그, 유튜브 동영상으로 학습한 정보를 공유한다.

오후 여섯 시 정각

습격이 시작된다.

나디와 길드 동료들은 폭포를 통과해 엘리베이터를 타고 아래쪽 동굴로 내려간다. 나디는 "게임 설명에서 그 엘리베이터 부분을 미리 읽어두었다. 그래서 엘리베이터가 제 높이로 올라올 때까지 신중하게 기다렸다."라고 썼다.

이후 길드는 동굴로 들어가 보스를 지키는 경호 무리와 만나 전투를 시작한다. 이들을 물리치기 위해 주술, 능력치 증강, 포션(물약) 등 할 수 있는 모든 방법을 다 동원한다. 하지만 실패하고 만다. 모두 기진맥진한 상태가 된다.

결국 길드는 포도밭으로 퇴각해 다시 무리를 짓는다. 곧 두 번째 시도에 들어간다. 전과 다른 조합으로 공격을 해 간신히 경호 담당을 물리치고 '심연의 잠복꾼'과의 전투에 돌입한다.

'심연의 잠복꾼'은 바다에서 끌어내야 하는 괴물이다. 나디는 이 과정에 대해 다음과 같이 이야기했다. "잠복꾼이 분출 공격을 하기 전까지는 상황이 괜찮았다. 분출 공격 동안 우리는 물속으로 잠수해야 했는데 몇 명이 너무 늦게 잠수하는 바람에 전부 죽임을 당하고 말았다. 전략을 바꿔 소규모로 습격을 시도했지만 잠복꾼을 끌어내기에는 자원이 턱없이 부족했다."

길드는 다시 기진맥진한 상태가 되고 음성 채팅을 통해 실패 이유를 분석한다. 리더들은 길드 구성원들을 독려하고 더 나은 새로운 전략을 제안한다.

길드는 또다시 실패한다. 하지만 경험이 쌓이면 쌓일수록 '심연의 잠복꾼'의 기술과 움직임을 더 잘 알고 대처하게 된다. 그리고 마침내 공격 성공을 이루어낸다.

모두가 축하한다. 나디는 "팀워크와 개인 기술 덕분에 우리, 최소한 우리 대부분은 '심연의 잠복꾼'의 치명적인 공격인 분출, 소용돌이, 물보라 공격을 이겨냈다. 쓰러진 사람들은 사제가 일으켜 세웠다. 죽은 '심연의 잠복꾼'을 둘러싸고 찍은 우리 길드의 스크린샷은 웹사이트에 게시될 것이다."라고 썼다.

길드는 모험을 계속해 '불뱀 제단', '불안정한 히드로스' 등 다른 보스들을 상대한다. 힘겨운 시행착오 과정을 거치며 학습과 실험이 계속된다. 그리고 몇 번을 기진맥진한 끝에 마침내 승리한다.[2]

작전이 마무리되고 나디는 로그아웃한다. 지쳤지만 기분은 최고다.

게임 시작 이후 처음으로 시간을 확인한다.

오후 열 시

나디는 총 네 시간 반을 게임했다.

탐색 시스템을 자극하는
세 가지 요소

―――

'월드 오브 워크래프트'와 같이 모험을 펼칠 세계가 열린 결말로 주어지는 게임은 우리 두뇌에 마약처럼 작용한다. 보니 나디의 이야기는 탐색 시스템이 활성화되는 상황을 잘 드러낸다. 가상 세계의 게임이라고는 해도 나디의 긍정적인 감정이나 팀의 역동적 의사소통은 현실이었다.

이런 감정과 역동을 이끌어내는 환경은 다른 곳에서도 만들어질 수 있다. 일을 게임처럼 만들자는 말을 하는 것이 아니다. 피드백과 경쟁을 통해 직원들이 단순하게 프로그램된 행동에만 집중하게끔 하자는 것도 아니다. 실험, 혁신, 학습에 대한 사람들의 열정을 높이자고 말하는 것이다.

이 책의 남은 부분에서는 정확히 그런 방향으로 직원들을 이끌고 간 리더들을 살펴보게 될 것이다. 사례를 파고들기에 앞서 무엇이 탐색 시스템을 활성화하는지, 그리고 일단 활성화된 탐색 시스템이 어떤 감정과 행동을 불러일으키는지 알아보자.

보니 나디가 월드 오브 워크래프트에 빠져든 것은 멋진 그래픽 때문이 아니다. 물론 그래픽도 한몫을 했겠지만 핵심은 다른 곳에 있다. 나디는 팀의 일원으로서 자신만의 능력을 표현하고 새로운 탐색 기회와 목적의식을 부여받았던 것이다. 핵심은 탐색 시스템을 활성화하는 세 가지 자극 요소, 즉 자기표현, 실험, 목적의식이었다.

자기표현

길드 구성원들이 모두 그렇듯 나디에게도 특정 역할이 있었다. 사제로서 작전 중에 에너지가 소진된 동료를 치료하는 능력을 가진 것이다. 나디는 그 역할을 아주 잘 해냈다. 치료자라는 역할이 정해졌다고는 해도 팀의 승리를 위한 최적의 방식으로 상상력과 판단력을 발휘하는 것은 자유였다. 나디는 자기 캐릭터의 고유 능력과 힘을 끌어올려 향후의 작전에 한층 적합하게 발전해갔다.

실험

'월드 오브 워크래프트'는 지속적인 탐험과 학습을 특징으로 하는 게임이다. 나디의 길드는 습격을 거듭하며 환경을 더 잘 이해하게 되었고 여러 기술과 재능, 행동을 상호보완적으로 조합해 다양한 도전을 시도한 끝에 성공에 이르렀다. 이 과정은 세상을 인식하고 이에 반응하는 방식을 근본적으로 바꾸었고 보다 유연한 사고를 낳았다.

새로운 것을 실험하는 이들의 기민함, 회복탄력성, 적극성은 오늘날 대부분의 리더들이 직원들에게 기대하는, 또한 대부분의 직원들이 발휘하고 싶어 하는 바로 그 능력이다.[3] 언제 퇴근 시간이 될지 고대하며 하루 종일 시계만 쳐다보는 것이 아니라 업무로 인한 도파민 효과로 네 시간 반 동안 온 정신을 집중하여 일에 전념하게 되는 상황을 직원들 또한 바라고 있다.

'월드 오브 워크래프트' 게임이 실험과 모험을 당연한 요소로 포함하고 있다는 점을 알아차렸는가? 실험과 모험을 통한 학습은 게임 진행을 위해 반드시 필요한 요소다. 실패 가능성이 높다고는 하지만 도전은 비용이 낮은 반면 교훈은 즉각적, 개인적, 감정적이다.

나디와 길드 동료들은 얼마든지 새로운 도전을 고안해 시도하면서 그 결과를 확인할 수 있었다. 이 덕분에 이후의 실험은 더 많은 데이터를 바탕으로 이루어지게 되었다. 결국 승리할 때까지 계속해서 전략을 가다듬었던 것이다.

목적의식

이런 상황은 나디에게 예상치 못했던 목적의식을 안겨주었다. 놀라운 얘기일지 모르지만 목적의식은 질병 치료나 세계 발전 같은 거창한 이유에서만 오는 게 아니다. 이 부분은 나중에 다시 다룰 것이다. 목적의식은 자신의 노력과 팀의 성장 사이에서 원인-효과 관계를 보게 될 때 불붙기 시작한다. 예를 들어 상황에 대한 판단을 내놓고 어떤 방식이 효과적일지 제안할 때 목적의식이 커진다. 또한 자기 역할이 남들에게 꼭 필요하다는 경험을 할 때 목적의식을 느낀다.

나디는 자신의 치료가 어떻게 팀원들을 돕고 팀이 목표를 향해 전진하도록 만드는지 보았다. 그렇기 때문에 한낱 게임이라는 걸 알면서도 큰 의미를 느꼈던 것이다.

이렇듯 자기표현, 실험, 목적의식이라는 세 가지 요소는 우리의 탐색 시스템에 불을 켜는 스위치다.

기대심리가 열정으로
연결되는 과정

———

우리는 두뇌에 대해, 뉴런의 전기 자극이 어떻게 경험이나 감정과 연결되는지에 대해 아직 모르는 점이 많다. 감정과 감정적 행동이 뉴런 활동 때문이라는 점은 밝혀졌지만 모든 감정이 두뇌 속의 서로 다른 구조적, 화학적 회로 때문이라는 결정적인 증거는 아직 없다.[4] 하지만 관심, 기대, 탐색이라는 가장 기본적인 감정 체계가 도파민에 의존하는 신경회로와 관련된다는 데는 대부분의 신경과학자가 동의한다.[5]

이는 탐색 시스템이 두뇌 속에 실제로 존재한다는 것, 전전두피질 prefrontal cortex 과 복측선조체 ventral striatum 사이의 신경망이라는 것을 의미한다. fMRI 연구를 보면 전기 자극이 있을 때 이 시스템은 실제로 '불을 밝힌다.' 활성도가 높아지면서 혈액이 움직이는 것이다. 전기 자극을 포함하지 않는다 해도 탐색 시스템 연구들은 혁신과 열정을 자극하는 조직의 리더들, 그리하여 직원들의 삶을 보다 가치 있게 만들려는 이들에게 커다란 의미를 지닌다.

자크 판크세프는 탐색 시스템을 이렇게 설명한다. "이 회로는 육체적 생존에 필요한 물질을 탐색할 때, 또한 삶의 존재 의미를 안겨주는 인지적 관심을 추구할 때 몰입과 흥분이라는 감정을 일으키는 역할을 한다(그림1 참고)."[6]

그림 1 **탐색 시스템의 작동**

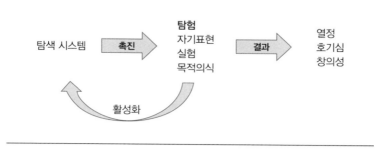

새로움과 마주할 때 활성화되는 탐색 시스템

　새로운 시도를 하고 싶고 주변 환경에 대해 가능한 한 많은 것을 배우고 싶을 때 탐색 시스템이 작동한다. 의외의 것을 발견했을 때('심연의 잠복꾼'의 분출 공격에 대해 알게 된다든지, 고객들이 새로운 소셜 미디어 홍보에 어떻게 반응하는지 보게 된다든지) 혹은 새로운 무언가를 기대할 때(폭포 뒤쪽의 엘리베이터에 탄다든지, 생산 공정 오류 해결 방법의 효과를 살핀다든지) 이런 일이 일어난다. 그리고 그 결과 도파민이 폭발적으로 분비되어 즐거움과 아찔한 긴장을 경험한다. 도파민은 시간에 대한 인식도 관장하기 때문에 우리는 마구 흘러가는 시간이 마치 정지된 양 평소와 다르게 느낀다.[7] 탐색 시스템이 활성화될 때 우리는 관심, 호기심, 탐구심, 그리고 더 나아

가 복잡한 피질의 존재 덕분에 고차원적 의미 추구까지 경험한다.[8]

이 긍정적이고 활기찬 기대심리는 결국 열정으로 연결된다. 펜실베이니아대학교 심리학 교수인 마틴 셀리그만 Martin Seligman 은 열정이 흥분과 기대, 에너지에 찬 삶을 살도록 이끈다고 했다.[9] 열정을 느낄 때 우리는 삶과 일을 모험으로 여긴다. 그리고 새로운 상황과 변화에 대해 불안과 두려움 대신 기대와 흥분으로 접근한다.

탐색 시스템 활성화의 이점은 쉽게 찾을 수 있다. 기대에 찬 채로 새로운 것을 학습하려는 본능적 충동에 뒤따를 때 세상은 더 살기 좋은 곳으로 느껴지고 우리는 더 창조적, 생산적인 모습이 된다. 또한 더 잘 수행하게 된다.

긍정적인 감정은
문제 해결 능력을 향상시킨다

———

저니 Journey 라는 그룹이 부른 곡 '믿기를 멈추지 마 Don't Stop Believing'를 아는가? 결혼식이나 술자리에 자주 등장하는 곡이다. 하지만 멀쩡한 정신으로 처음 보는 사람 앞에서 이 곡을 불러달라는 요청을 받았다면 어떨까? 당신은 어떻게 행동할 것 같은가? 노래 실력이 빼어나지 못하다면 불안해지고 심지어 공포감마저 들 수 있다. 가사조차 틀릴지도 모른다. 당신이라면 어떨 것 같은가?

하버드의 앨리슨 우드 브룩스 Alison Wood Brooks 교수는 이 대답이 ('기대'와 같은) 긍정적 감정 혹은 (2장에서 살피게 될 '공포'와 같은) 부정적 감정 활성화에 따라 달라진다는 점을 밝혀냈다. 113명의 피험자에게 닌텐도 위 Wii 의 게임 '가라오케 레볼루션'을 사용해 낯선 사람 앞에서 노래를 부르도록 한 실험이었다. 실험의 핵심은 '사전 작업'에 있었었다. 절반에게는 노래를 부르기 직전에 "난 불안해요."라고 말하게 하고 나머지 절반에게는 "난 기대돼요."라고 말하게 한 것이다. 딱 한 단어의 차이가 뭐 그리 대수롭겠는가?

하지만 기대된다고 말한 피험자들은 불안하다고 했던 피험자들에 비해 노래를 훨씬 더 잘 불렀다. 닌텐도의 음성 인식 소프트웨어 정확도

측정에서 각각 81퍼센트와 53퍼센트로 30퍼센트 가까이 차이가 났던 것이다.[10]

핵심은 긴장을 어떻게 해석하느냐에 있다

왜 이런 결과가 나타난 것일까? 사실 두 집단 모두 낯선 사람 앞에서 노래해야 할 때 나타나는 생리적 긴장 현상이 있었다. 이를 불안으로 해석할 경우 공포감이 열정과 창의력을 잠식한다(그리고 공포감은 노래 부르는 데 전혀 도움이 되지 않는다). 반면 긴장을 기대로 해석하는 경우에는 탐색 시스템이 활발해지면서 더 낙관적이고 창의적으로 상황을 즐기게 된다. 즉 스트레스 경험 동안 탐색 시스템을 작동시킬 수 있다면 부정적 스트레스 상태를 보다 긍정적으로 전환시키는 적응적 반응이 촉진된다는 것이다.[11]

서둘러 결론을 내릴 필요는 없다. 노래는 사소한 사례일 뿐이다. 게다가 노래에 관한 한 궁극적으로 옳거나 틀린 답은 없다. 노래는 발성 기관과 자세에 바탕을 두는데 이는 생리적 긴장과 명백히 관련된다. 자, 그렇다면 옳거나 틀린 답이 분명한 수학에서라면 어떨까?

브룩스 교수는 이 문제도 연구했다. 수학 시험을 앞두고 피험자들은 "아주 어려운 IQ 시험이 준비되어 있습니다. 정해진 시간 내에 여덟 문제를 풀어야 합니다. 문제 하나당 정답을 고를 수 있는 시간은 5초입니다. 그리고 한 문제를 풀 때마다 정답 여부가 나타납니다."라는 설명을 들었다.

의도적으로 스트레스를 유발하는 설명이었다('정해진 시간 내'와 'IQ 시험'이라는 표현이 특히 불안감을 높이는 것으로 나타났다).[12] 이어 피험자들 앞의 화면에 대문자로 "침착함을 유지하세요."와 "기대감을 가져보세요."라는 문구가 무작위로 주어졌다. 침착하려 했던 피험자와 기대감을 가졌던 피험자 중에 어려운 수학 문제를 더 잘 풀어낸 사람은 누구였을까?

짐작했을지 모르지만 기대감을 가진 쪽이었다. 이들은 8퍼센트 정도 점수가 높았는데 이는 B등급과 C등급의 차이에 해당한다.

노래에서 그랬듯 긍정적 감정은 문제 해결 능력을 향상시켰다. 두려움과 위협에 사로잡히지 않은 채 당장의 문제 해결에 인지적 자원을 동원할 수 있기 때문이다.[13] 반면 생리적 긴장 상태에서 침착함을 유지하려 했던 사람들은 긴장감이 '나쁜 것'이고 '반갑지 않은 것'이라는 메시지를 스스로에게 전달했다. 그리하여 긴장감은 위협과 불안으로 해석되었고 공포심이 활성화되어 창의성이 제한된 끝에 문제 해결 능력도 저하된 것이다.

브룩스는 대중 연설 수행에서도 마찬가지 현상을 발견했다. "나는 기대된다."라고 말하게 된 피험자들은 "나는 침착하다."라고 말하게 된 피험자들에 비해 설득력, 자신감, 유능감 등에서 더 좋은 평가를 받았다. 스포츠 심리학 연구에서도 같은 현상이 보고되었다. 높은 긴장감을 기대로 해석한 선수들은 학습지향적인 행동을 더 즐겁게 하는 경향이

있었다.[14]

이는 리더들이 직원들의 탐색 시스템 활성화 방법을 알아야 하는 이유가 된다. 열정과 기대를 높여줄 때 문제 해결 능력과 창의성이 커지는 것이다. 그리고 이는 대부분의 사람이 자신의 일에서 원하는 바다. 더 좋은 업무 성과를 낼 수 있을 뿐 아니라 깨어 있는 시간 대부분을 일터에서 보내는 상황에서 긍정적인 감정은 삶을 더 활기차게 이끌기 때문이다.

탐색 시스템은
탐험 본능을 자극한다

탐색 시스템에는 또 다른 이점이 있다. 상여금 같은 외적 보상이 단기적으로 동기를 부여하는 것과 달리 탐색 시스템 활성화는 장기적인 영향을 미친다.

우리에 갇힌 쥐를 상상해보자. 한쪽에는 쥐가 좋아할 만한 막대기, 코르크, 병뚜껑, 사료 등이 잔뜩 쌓여 있다. 반대쪽은 텅 비어 있다. 쥐는 탐색 시스템에 전극이 심어진 상태다. 놀거리가 있는 쪽에 갔을 때만 탐색 시스템이 전기 자극을 받도록 해두었다.[15] 지금까지의 내용을 바탕으로 볼 때 다음 두 개의 답안 중 이 실험의 결과로 예상되는 것은 무엇인가?

a. 쥐는 놀거리가 많은 쪽으로 가서 머물 것이다.
b. 쥐는 놀거리들을 자극받는 쪽에서 자극 없는 쪽으로 다 옮길 것이다.

살펴보자. 탐색 시스템 작동이 단순한 감각적 만족만 가져온다면 쥐는 놀거리가 가득한 곳에 가서 눌러앉아 즐거운 자극을 즐길 것이다. 작은 털북숭이 제왕처럼 말이다.

하지만 이런 일은 벌어지지 않았다. 10분쯤 지나자 쥐는 놀거리를 우리 반대편으로 모두 옮기기 시작했다. 마치 그렇게 훈련받기라도 했던 것처럼 자극 지역의 놀거리들을 하나하나 물어다가 비자극 지역으로 옮겼던 것이다.

흥미로운 결과다. 이를 어떻게 해석해야 할까? 탐색 시스템은 외적 보상을 주기보다는 탐험 본능을 자극한 것으로 드러났다.[16] 탐색 시스템이 자극되자 쥐는 탐험과 조사 충동을 느꼈고 환경에서 유용한 면을 찾아내려 했다. 반면 탐색 시스템이 꺼지면(즉 자극 없는 쪽으로 옮겨 가면) 쥐는 더 이상 충동을 느끼지 못했고 가지고 간 것을 그대로 버려두었다.[17] 이 실험에서 결국 모든 놀거리는 우리 속 비자극 영역으로 옮겨지는 결과가 나타났다.

그렇다면 인간에게도 탐색 시스템이 똑같이 작용할까? UCLA 의과 대학의 정신의학 및 생물행동학 교수인 스티브 콜 Steve Cole의 말을 들어보자.

"인간에게 탐색 시스템은 혁신과 창조의 보상이 되는 것이 아니라, 그런 행동을 자극하고 이끌어내는 것으로 보입니다. 차이는 시간에 있습니다. 보상은 행동 이후에 주어지는 반면 탐색은 행동에 앞서지요. 우리는 희망과 열의에 기반하여 많은 일에 동기를 부여받습니다. 이는 후행적인 보상으로는 설명되지 않습니다."

인간은 원하는 만큼 행동한다

왜 그럴까? 20년 이상 두뇌의 즐거움 경험을 연구해온 미시건대학교의 켄트 베리지 Kent Berridge 교수는 포유류의 두뇌가 '원함'과 '좋아함'을 구분한다는 결론을 내렸다.[18] 여기서 '원함'은 탐색 시스템에 해당하는 용어이고 '좋아함'은 두뇌의 보상 체계다. 보상의 즐거움은 도파민 체계보다는 아편 체계를 자극한다. 두 체계의 효과는 꽤 다르다. 도파민이 생기를 높인다면 아편은 행복한 혼미 상태를 만든다.[19]

활력을 높이는 탐색 시스템의 효과는 업무 상황에 잘 들어맞는다. 무사안일에 빠지기보다 행동하도록 자극하기 때문이다. 톰이 프리랜서로서 새로운 프로젝트를 맡고 싶어 한 이유도, 보니 나디와 수백만 명의 게이머들이 네 시간 연속 '월드 오브 워크래프트'에 매달린 이유도 여기에 있다. 더 많이 탐험하고 더 많이 학습하기를 '원했던' 것이다.

바닥없는 우물이 그렇듯 우리는 다 채워지는 법이 없다. 탐색 시스템은 한 가지 목표를 달성했다고 만족하고 물러서지는 않는다. 이런 의미에서 탐색 시스템이 인간이 지닌 복잡한 피질과 결합되는 경우 에이브러햄 매슬로 Abraham Maslow의 자기실현 self-actualization 개념과 연결되기도 한다. "모든 욕구가 충족되었다 해도 우리는 자주(항상은 아니더라도) 새로운 불만족과 불안이 곧 나타날 것이라 예상한다. 자신에게 잘 맞는 일을 하지 않는 한 그렇다. 음악가는 음악을 만들어야 하고 예술가는 그림을 그려야 하며 시인은 글을 써야 궁극적으로 행복할 수 있다. 개인은 자신이 할 수 있는 것을 해야만 한다. 자신의 모습에 점점 더 가까워지려는, 할 수 있는 모든 것이 되려는 이 욕구를 자기실현이라 부른다."[20]

갈망하던 물질적 소유를 달성했다 해도 탐색 회로는 안식하지 않는다. 외적 보상을 잔뜩 받고 모든 욕구가 충족된 후에도 탐색 시스템은 우리 고유의 능력을 사용할 최고의 방법을 찾도록 여전히 우리를 몰아간다.

이것이 우리 인간이 살아가는 방식이다. 우리의 생물학적 요구다. 진화를 통해 우리는 탐험, 실험, 학습하고자 하는 감정적 충동을 갖게 되었다.[21] 우리 두뇌는 단순하고 일반적인 과업을 수행하는 대신, 새로운 것을 학습하고 능력을 활용할 새로운 방식을 찾도록 우리를 이끈다. 탐색 시스템의 이 충동에 따를 때 도파민이 분비되어 기분이 좋아지고 더 나아가 계속 탐험하도록 동기가 부여된다.

탐색 시스템을 꺼뜨리는
공허한 행복

───

이 모든 것은 탐험과 실험이 권장되는 환경에서 일하고 살 수 있을 때 우리는 더 행복해진다는 사실로 귀결된다. 여기서 행복은 원하는 바를 얻었을 때 경험하는 즐거운 감정인 '쾌락'이 아니다.[22] 삶에서 의미를 느끼도록 하는 진정한 행복을 말한다.

둘 사이의 차이는 무엇일까? 퀴즈를 풀어보자. 아래의 질문에 대해 1(전혀 그렇지 않다)부터 6(항상 그렇다)까지의 점수로 답을 해보라. 지난 4개월 동안 다음 감정을 얼마나 자주 느꼈는가?

1. 행복감
2. 자기 삶이 의미와 지향을 지닌다는 느낌
3. 만족감
4. 사회에 공헌하고 있다는 뿌듯함

1번과 3번에서 나온 답을 더하라. 그 점수가 8을 넘는다면 최신 연구의 피험자들과 비교했을 때 쾌락적 행복의 상위 5퍼센트에 해당한다.[23]

행복이란 우리에게 좋은 것인가? 다시 말해 행복은 생물학적으로 건강한 것인가? 당연히 그렇다는 생각이 들겠지만 실상 그 대답은 2번과 4번의 점수에 따라 달라진다. 이들 질문은 목적이라는 개념을 중심으로 한다. 삶에 의미와 지향이 있다고 느끼는지, 자신보다 더 큰 무언가에 기여하고 있는지가 문제다. 목적이 있는 행복, 이것이 학자들이 말하는 진정한 행복이다. 2번과 4번 점수 합계가 7이 넘는다면 목적이 있는 행복에서 상위 5퍼센트 수준이 된다.

건강과 관련해서는 두 유형의 행복 모두 높은 점수가 좋다.[24] 하지만 두 유형 모두에서 점수가 높은 사람은 많지 않다. 서로 독립적으로 이루어진 네 연구에서는 쾌락적 행복보다 목적적 행복 점수가 높을 경우 면역 체계에 더욱 유익하다는 공통된 결과가 나왔다.[25] 하지만 이런 바람직한 상황에 처한 경우는 전체 연구 대상자 중 4분의 1이 채 되지 못했다.

노스캐롤라이나대학교의 심리학 교수인 바버라 프레드릭슨Barbara Fredrickson은 스티브 콜과 함께 위의 네 질문을 성인 80명에게 던진 뒤 혈액을 채취해 면역세포의 기능을 측정하는 연구를 진행했다. 목적적 행복 수치가 높은 경우 면역력도 높다는 결과가 나왔다(쾌락적 행복이 면역력과 관련되는 정도보다 더욱 높았다). 행복하지만 목적의식은 거의 없는 사람들의 경우, 삶에서 어려움을 견디고 있는 사람들과 거의 동일한 면역력 상태를 보인다는 점도 주목할 만하다. 프레드릭슨은 이를 두고 "공허한 긍정적 감정은 역경과 비슷한 수준으로 작용한다."라고 했다.[26] 놀라운 일이다.

탐색 시스템이 그 이유를 설명해준다. 우리 두뇌 속 이 회로는 환경에 대한 탐험, 학습, 의미 추구를 계속하도록 내적 충동을 가한다. '공허한' 행복은 상대적으로 얕고 자기중심적인 삶을 특징으로 한다. 상황이 편안하고 욕구와 필요가 쉽게 충족된다.[27] 하지만 탐색 시스템의 불빛은 꺼지고 만다.

철학자 아리스토텔레스는 쾌락적 행복을 분명하게 거부하며 말했다. "천박한 많은 이들이 행복을 즐거움으로 이해하고 만족스러운 삶을 추구한다. 그리하여 야만적인 모습이 되고 만다. 그들이 선택한 삶은 방목 동물의 삶이기 때문이다."[28] 이 방목 동물은 분명 건강하지 못할 것이다.

진정한 행복은 탐색 시스템 속에 있다

탐색 시스템은 쾌락적인 차원에서 충분하다고 여겨지는 상황을 넘어서는 짜릿하고 목적지향적인 활동을 생물학적으로 이해하고 예측하도록 해준다. 이는 세포 기능과 건강에 중요한 역할을 한다.

데런 브라운Derren Brown 은 《행복Happy》이라는 멋진 책에서 그리스 스토아 철학자들의 덕성 논의를 다음과 같이 설명한다. "덕성은 일단 사람이나 사물이 세상에서 지닌 고유의 자질이나 목적을 이해하는가에 따라 결정되고, 다음으로는 그 자질과 목적을 가능한 한 잘 수행하고 있는가에 따라 결정된다."[29] 우리 인간에게 이는 바로 탐색 시스템이 작동하는 방향이다. 세상에서 자신이 지닌 잠재력을 발견하기 위해 환경을 탐험하는 것, 그리고 우리 자신을 표현하는 것 말이다. 탐색 시스템의 자극을 따라가다 보면 목적을 추구한다는 좋은 느낌을 갖게 되고 이는 건강과 행복 증진으로 이어진다.

다음 장에서는 오늘날의 직장과 조직 상황이 어떻게 돌아가는지, 그것이 사람들의 탐색 시스템을 어떻게 차단하고 건강 손상, 동기부여 저하, 참여도 하락을 낳는지 살펴보겠다. 하지만 나쁜 이야기만 이어지지는 않는다. 이 책의 나머지 부분에서는 이러한 조직의 현실을 극복하고 직원들에게 더 큰 자유를 보장함으로써 탐색 시스템에 불을 붙이는 실제적인 방법에 초점을 맞출 것이다.

[**2**]

조직은 왜 창의적인 사람을
처벌할까?

여기서 우리는 탐색 시스템과 두려움 시스템의 억제 관계를 볼 수 있다.
한 체계가 활성화되면 다른 시스템은 축소된다.
마치 자동차의 가속 페달과 브레이크 페달처럼 말이다.
가속 페달은 원하는 곳으로 데려다주지만 속도는 위험성을 지닌다.
브레이크 페달은 안전하지만 이것만으로는 어떤 곳도 가지 못한다.

조직을 갉아먹는
'학습된 무력감'

─

펜실베이니아대학교의 저명한 심리학자 마틴 셀리그만은 행복과 낙관주의 전문가다. 하지만 그가 처음부터 긍정심리학을 연구했던 것은 아니다. 시작은 개들에 대한 전기 충격 실험이었다.

대학원생 시절의 셀리그만은 개를 한 마리씩 우리에 집어넣었다. 우리 안에는 개가 뛰어넘을 만한 야트막한 담장으로 공간이 구획되어 있었다.[1] 학습에 관한 학위논문을 쓰는 과정이었다. 한쪽 공간에 개가 들어간 후 셀리그만은 개가 서 있는 바닥을 통해 고통스러운 전기 충격을 가했다. 어떤 일이 벌어졌을까?

대답하기에 앞서 일단 개가 두 종류로 구분된다는 점을 알아야 한다. 한 종류는 전기 충격의 고통을 한 번도 당해본 적 없는 '무경험'이고 다른 종류는 파블로프 해먹이라는 이전 실험에서 전기 충격을 당해본 개들이었다. 파블로프 해먹에 들어간 개들은 그물 구멍으로 다리가 빠져나온 상태에서 발바닥에 전기 충격을 당했다. 도망치려고 버둥거려도 방법이 없었으므로 고스란히 전기 충격을 받아야 했다. 기분 좋은 실험은 분명 아니다. 미안하지만 그래도 여기서 더 나아가야 한다.

무경험 개들은 전기 충격을 받았을 때 울부짖고 발버둥 치다가 결국 담장을 넘어 다른 쪽으로 몸을 피했다. 반면 해먹에서 전기 충격을 경험했던 개들은 담장을 넘어가지 않았다. 그저 그 자리에 앉거나 누운 채 전기 충격이 끝나기를 기다리며 조용히 끙끙거리기만 했다.

후자의 개들은 무력감을 학습한 것이다. 개들은 이전 실험에서 아무것도 할 수 없는 상황이었다. 따라서 '포기하고 수동적으로 전기 충격을 받아들여야 한다'는 점을 학습했다. 그리하여 과거 경험이 가르쳐준 대로 전기 충격을 그저 받아들이게 되었다.

학습된 무력감은 머리가 세 개 달린 괴물이다. 감정적 상태를 바꾸고 (우리는 체념하게 된다) 동기를 저하시키며(더 이상 시도조차 하지 않는다) 인지적 추론을 바꿔놓는다(기존 경험을 다른 상황에까지 일반화한다).[2] 학습된 무력감은 한 상황에서 다른 상황으로 옮겨 갈 때에도 이어지는 일이 많고 일단 생겨나면 극복하기가 무척 어렵다. 인간을 대상으로 한 실험에서 전기 충격이 사용되는 경우는 별로 없다. 하지만 학습된 무력감은 다른 여러 방식으로 나타난다.[3] 직장에서 특히 그렇다.

직장인들 중에는 생물학적인 탐색 시스템과 조직의 현실 사이에서 십자포화를 맞고 있다고 느끼는 사람이 많다. 타고난 생물학적 특징은 환경을 탐험하고 실험하고 학습하며 의미를 부여하도록 한다. 하지만 대부분의 직장에서는 이 중 무엇 하나 가능하지 않다. 규칙을 따르는 대신 창의성을 발휘했다가 질책을 당하는 등 부정적인 경험이 쌓이고 나면 탐색 시스템의 자극을 무시하기 시작한다. 도파민을 차단하고 불안감에 굴복해버린다. 셀리그만 실험의 개들처럼 많은 직장인은 입 다물고 그저 받아들이는 방법을 터득한다. 이는 업무에서의 유리와 우울 증상을 가져온다. 결국 사는 것 같지 않게 살게 된다.

새로웠던, 그러나 이제는 낡아버린 관료주의

잠깐 기다려보라. 조직이 살아남으려면 직원들의 적극성과 창의성이 필요하다는 점은 오늘날의 리더들도 알고 있다. 그렇다면 어째서 직원들은 리더가 자신을 지루하고 무기력하게끔, 동기부여가 안 되게끔 만들려 한다고 생각하는 것일까? 납득하기 어려운 일이다. 이러한 조직의 현실은 어디서 온 것일까?

일단 대규모 조직이 상대적으로 새로운 존재라는 점을 기억할 필요가 있다. 대규모 조직은 약 150년 전 새로운 생산 방식으로서 고안되었고 덕분에 판매와 유통이 크게 확대되었다. 이 방식은 몇 가지 면에서 효과를 거두었다. 예를 들어 헨리 포드 Henry Ford 는 조립 라인 덕분에 비용과 불량률을 낮춰 자동차를 대중화할 수 있었다. 자동차 한 대 가격은 1908년의 850달러에서 300달러 이하로 떨어졌다.[4] 공정 단계를 작은 과업으로 나누고 직원들이 맡은 과업을 탁월하고 익숙하게, 동시에 신속하게 반복하도록 만든 과학적 경영 원칙이 큰 역할을 했다. 경영학자 프레데릭 테일러 Frederick Taylor 는 "노동자의 작업은 최소 하루 전에 경영진이 완벽히 계획해두어야 하고 수행 업무가 상세히 기록된

서면 지시와 함께 작업에 필요한 장비가 모든 노동자에게 전달되어야 한다."라고 강조했다.[5]

이런 식으로 직원들을 통제하는 것은 당시의 새로운 사고방식이었다. 수천 명의 직원을 거느린 거대 조직이 탄생하기 전까지는 프로그램된 작업이 필요하지 않았다. 생산 규모 확대는 관리자들이 직원들의 행동을 통제해야 한다는 것을 뜻했다(로봇공학이나 인공지능은 당시 공상과학 장르에조차 등장하지 못한 개념이었다). 관리는 '사람이나 사물을 통제하는 것'으로 정의되었다.[6] 직원 수천 명을 통제하는 해결 방식으로 고안된 것이 관료주의와 경영관리였다.

문제는 직원들 각각이 탐색 시스템을 지녔다는 것이었다. 탐험과 실험, 의미 찾기를 독려하는 두뇌를 지닌 직원들에게 목적과 단절된 반복 작업을 하도록 동기를 부여할 방법이 대체 무엇이었을까? 바로 여기서 두려움이 등장한다.

두려움은
탐색 시스템을 억제한다

―――

오늘날 우리는 감정(예를 들어 두려움이나 호기심)과 그에 상응하는 행동 경향(예를 들어 위협에 집중하거나 돌아다니며 즐기거나)을 가지고 태어난다. 선조들의 생존에 도움이 된 감정과 행동이 전해진 것이다. 극적인 예를 들어보자. 밤중에 어두운 골목을 걷고 있는데 갑자기 뒤에서 누군가 달려온다. 두려움 체계가 작동하고 편도체(두뇌 중심부의 아몬드 모양 기관)가 자동신경망에 신호를 보낸다.[7] 두려움은 신체적 반응으로 연결된다. 인지 기관이 위협 요소에 완전히 집중하면서 주의집중 범위가 협소화되고 위협과 무관한 정보는 차단된다. 아드레날린이 혈액 속으로 흘러들어가며 근육을 긴장시켜 더 빠르고 강하게 만든다. 이렇게 하려고 애쓴 것이 아니다. 두려움이 작동하면서 타고난 성향대로 저절로 움직여진 것이다.[8] 두려움 없이 태어난 동물은 자손을 낳을 때까지 오래 생존할 수 없다. 그리하여 두려움 없는 부류는 동물왕국에서 사라지고 만다.

두려움 체계가 우리 조상들의 생존을 촉진했듯 탐험과 학습을 자극하는 감정 체계도 생존에 도움이 되었다. 생존에 필요한 자원을 자연이 늘 알아서 제공해주지는 않았다. 무엇을 찾게 될지 모르면서도 포유류가 매일 세상을 탐험하도록 한 것은 탐색 시스템이었다.[9] 환경을 탐험하고 학습하도록 하는 두뇌를 지닌 포유류의 경우 생존해 자식을 낳을 가능성이 평균적으로 더 높았다.

그런데 탐색 시스템과 두려움 시스템 사이에 전쟁이 벌어진다면 어떨까? 어느 쪽이 승리하게 될까?

진화적인 이유 때문에 두려움이 승리할 것이다. 예를 들어 다음 실험을 보자. 연구원들이 어린 쥐 두 마리를 한 우리에 넣어두면 서로 달려들고 쫓아다니고 몸싸움을 하면서 놀기 시작한다. 자크 판크세프에 따르면 이런 즉각적인 놀이는 모든 연구에서 관찰되는 것으로, 쥐들의 '웃음'을 통해 놀이임을 알 수 있다고 한다. 정말이다. 쥐들도 웃는다. 직접 판크세프를 만나 이야기를 나누기 전까지는 나도 몰랐는데 쥐는 행복하고 들뜬 기분일 때 50킬로헤르츠의 찍찍 소리를 낸다고 한다. 쥐의 놀이는 자신의 힘, 기민성, 지배력에 대한 잠재성을 탐구하기 위한 일종의 실험, 학습, 연습이다. 우리의 과학 지식에 따르면 거의 모든 포유류에게 이 기본적 놀이 본능이 존재한다. 놀이는 우리가 무엇을 할 수 있는지 학습하는 방법이다.

판크세프는 고양이 털 뭉치를 놓아두기 전과 후에 쥐들의 놀이를 살펴본 실험을 소개했다(쥐의 웃음소리, 그리고 달려들기와 같은 놀이 시작 행동을 측정했다).[10] 고양이 털 냄새는 쥐의 태생적 두려움 시스템을 활성화했고 놀이 행동이 완전히 사라졌다고 했다. 고양이 털이 등장하기 전 나흘 동안 쥐들은 5분 동안 평균 50회의 놀이 시작 행동을 보였지만 털을 넣어두자 놀이 시작 행동이 0회로 떨어졌다(고양이 털이 없는 대조군의 경우 놀이 시작 행동은 50회를 그대로 유지했다). 고양이 털을 치운 후 사흘이 지났을 때에야 쥐들은 서서히 놀이를 다시 시작했지만 이전과 같은 수준으로는 돌아가지 못했다(털이 치워지고 닷새가 지났을 때 35회 나타난 것이 최고 기록이었다).

여기서 우리는 탐색 시스템과 두려움 시스템의 억제 관계를 볼 수 있다. 한 체계가 활성화되면 다른 시스템은 축소된다. 마치 자동차의 가속 페달과 브레이크 페달처럼 말이다. 가속 페달은 원하는 곳으로 데려다주지만 속도는 위험성을 지닌다. 브레이크 페달은 안전하지만 이것만으로는 어떤 곳도 가지 못한다. 두 페달을 한꺼번에 밟는다면 차는 움직이지 않는다.[11]

가속과 브레이크 페달 비유는 인간 감정에 잘 맞는 비유다. 부정적 감정은 긍정적 감정을 지배한다.[12] 돈을 잃는 것, 친구에게 버림받는 것, 비판을 받는 것은 돈을 따는 것, 친구를 얻는 것, 칭찬을 받는 것보다 더 큰 영향을 미친다. 판크세프는 연구했던 모든 동물 종에서 놀이는 두려움 같은 부정적인 감정에 억제되었다고 설명했다.

과학적 관리에서 벗어나야 하는 이유

과학적 관리에는 완벽한 상황이다. 프레데릭 테일러의 목적은 직원들이 놀거나 실험하지 않고 지시를 따르는 데만 초점을 맞추는 것이었다. 그리하여 관리자들은 어떤 과정을 거쳐 언제까지 어떤 결과가 달성 되어야 하는지 상세하게 정한 인사 규칙을 고안했다. 정밀하게 측정해 특정 기준에 미달하는 경우 처벌받도록 했다(그림2 참고). 이처럼 두려움 에 기반한 관리는 잘 모르거나 신뢰할 수 없는 수많은 직원들을 통제할 방법이 되어주었다. 하지만 동시에 이는 직장이 학습된 무력감으로 가 득 차게끔 만드는 이유가 되기도 했다.

그림 2 직장의 과학적 관리

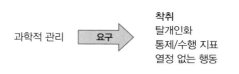

고안될 당시 과학적 관리는 조직의 경쟁력을 높이는 데 유용한 방식 이었다. 기업인과 리더들은 가장 효율적인 생산 방식을 찾아내 직원들 이 어떻게 해야 하는지 정확히 전달했다. 전화기, 비행기, 컴퓨터가 없 던 그 시절에 정보는 느린 속도로 전달되었고 환경은 쉽게 변화하지 않 았다. 결국 수십 년 동안 이 새로운 접근 방식은 유출 걱정 없이 이용될 수 있었다.

예를 들어 최저가에 최대량의 자동차를 생산해 상류층 전유물이던 자동차를 대중의 것으로 만들겠다는 헨리 포드의 1913년 '세상을 바꿔위로' 선언은 조립 라인 도입으로 실현되었다. 그의 자동차 회사는 이 혁신을 통해 10년 이상 업계를 지배했다.

하지만 변화의 속도는 계속 빨라졌다. 전화기가 사용자 5000만 명에 도달할 때까지 75년이 걸렸다면 TV는 13년, 인터넷은 겨우 4년 걸렸을 뿐이다.[13] 환경이 점점 빨리 변화하고 혁신은 점점 빨리 모방되면서 고용주가 만든 반복 행동 각본은 더 이상 경쟁력을 가져다주지 못하게 되었다.

오늘날 조직의 생존은 지시를 기다리지 않고 창의성과 독창성을 발휘하는 주도적인 직원들에게 달려 있다. 리더처럼 생각하고 새로운 문제 해결 방법을 개발하는 직원이 가장 가치 있는 세상이 되었다. 관리자가 완벽한 해결책을 만들어내 가르쳐줄 때까지 기다리기만 하는 직원이 아니라 말이다.

열정과 호기심을 낳는 탐색 시스템은 바로 이러한 '주도적 접근'의 핵심이다. 도파민은 직원들의 기분을 좋게 만들어줄 뿐 아니라 직원들을 '자발적 군인'으로, 즉 변화에 저항하기보다 변화를 이끄는 존재로 만들어준다.

문제는 이토록 극적으로 비즈니스 지형이 바뀌었음에도 변화하지 않는 조직 정책이다. 탐색 시스템에 대한 산업화의 부정적 효과는 여전히 이어지고 있다. 그 구체적인 모습을 보자.

한정된 역할의 실패

———

과학적 관리의 이상향은 직원들의 개성이나 자기표현이 표준화된 과정을 방해하지 않도록 하는 데 있었다. 그리하여 오늘날까지도 거대 조직에서는 대부분의 사람들이 매우 특화된 일을 담당한다. 기계 정비공, 웹 디자이너, 세일즈 담당, 교사처럼 말이다. 그래서 고용주는 업무를 설계하고 필요한 행동을 수행할 수 있는 적임자를 찾는다. 정해진 시간 동안 달성해야 할 과업이 미리 정해져 있다.

그러나 소규모 스타트업에서는 상황이 전혀 다르다. 문제 해결을 위한 업무 관행은 아직 개발되는 중이다. 스타트업 기업의 직원들은 공직 업무가 무엇이든 간에 가진 능력을 최고로 발휘해 회사가 살아남고 성장하도록 기여하라는 요구를 받는다. 그러나 50명 소규모로 출발한 스타트업이 열 배 크기 조직으로 성장하고 나면 리더들은 500명 직원을 다 알 수도, 믿을 수도 없다는 것을 깨닫는다.[14] 그리하여 결국 직원 업무를 사전에 결정하는 관리 틀이 다시 동원되곤 한다. 면밀한 성과 측정이 신뢰를 대신하는 것이다.

반대로 처음부터 큰 기업에서 역할을 부여받고 일을 시작하는 직원들의 경우를 보자. 처음에는 별 문제가 없다. 모든 것이 새롭고 학습해야 할 것이 많기 때문이다. 신입 직원은 고유의 능력을 표현하지 않는다. 어쩌면 신입 직원에게는 자신의 작은 업무가 전체 그림에 어떻게 들어가는지조차 불분명할지 모른다. 하지만 상황이 어떻게 진행되는지 원인과 결과를 파악하게 되면서부터 신입 직원의 탐색 시스템은 작동을 시작한다. 머리말에 소개했던 웹 디자이너 톰의 경우를 떠올려보자. 대학을 졸업한 톰은 이상과 열정에 차서 업무를 배우기 시작한다. 하지만 얼마 후부터는 나름의 아이디어를 접목하려 시도하다가 실패한다. 몇 달이 몇 년이 되면서 업무는 반복적이고 지루해진다. 학습할 것이 없기 때문이다. 도파민이 사라지고 하루는 끝없이 길게 느껴진다.

새로운 접근을 차단하는 업무 분화

이에 대한 톰의 대응은 지극히 정상적이다. 그의 두뇌는 이런 한정적 역할에 만족하도록 만들어지지 않았다. 우리 진화의 대부분 단계에서 인간은 50명 안팎의 작은 무리를 이루고 살았다. 업무 분화는 거의 이루어지지 않았다. 각 부족의 모든 사람이 옷 짓기나 식량 찾기, 피신처 확보 같은 생존 방법을 학습했다. 농경법이 개발되어 인간이 수렵과 채집 단계를 벗어난 것이 극히 최근(약 1만 2000년 전)이라는 점을 기억하라. 화폐와 지불 개념이 등장한 것은 더욱 최근(약 6000년 전)이다.[15] 진화 과정으로 볼 때는 바로 어제 일이나 다름없다. 1700년대나 1800년 대를 살펴보더라도 오늘날과 같은 분화는 없었다. 물론 농민과 상인,

대장장이가 있긴 했다. 하지만 군대를 제외한다면 수백 명을 고용하는 조직은 존재하지 않았다.

예를 들어 1800년대에 신발을 사려면 장인을 찾아가야 했다. 신발 장인은 발 치수 측정부터 가죽 자르기와 바느질, 가격 협상에 이르는 전 과정을 혼자 담당했다. 다시 말해 1800년대에는 다양한 기술을 갖추고 다양한 과업을 수행하는 장인을 만나야 신발을 살 수 있었다. 나이키 Nike 같은 건 없었다. 전 세계 모든 나라에서 고유 로고가 달린 신발을 판매하는 6만 3000명 규모의 조직은 없었다. 특정 고객을 위한 주문 신발을 처음부터 끝까지 책임지고 만드는 장인과 달리 거대 기업의 직원들은 분절된 소규모 업무에 특화된다. 운동화의 메시 원단 구매를 맡은 한 사람은 자신이 디자인하지 않은 신발을 만나볼 일 없는 고객에게 전달하기 위해 매주 40시간을 자신이 선택하지 않은 소재를 확보하는 일에 매달린다. 웹사이트 관리와 업데이트 업무를 맡은 다른 직원은 자신이 찍지 않은 사진, 자신이 만들지 않은 문구, 자신이 정하지 않은 가격을 게시한다. 나이키가 특별히 큰 기업인 것도 아니다. 경영 컨설팅 회사 액센츄어 Accenture 는 37만 5000명, 인도의 자동차 회사 타타 Tata 는 60만 명, 중국석유공사는 106만 명, 월마트 Walmart 는 210만 명을 고용하고 있다.

이들 기업의 직원들 대부분은 사전에 정해진 특정 업무를 담당한다. 나름의 강점이나 새로운 접근을 시도할 여지는 별로 없다. 업무를 시작하고 조금만 시간이 흐르면 곧 우리가 아는 그 느낌, 갇혀서 반복하고 있다는 느낌이 찾아온다. 시간은 이제 보물이 아닌 '문제'가 되어버린다. 정해진 시간을 더 빨리 보내고 싶은데 (페이스북을 확인할 수 있는) 다음 휴식 때까지 남은 시간은 한정 없이 길기만 하다. 탐색 시스템은 호기심을 갖고 학습하라고 우리를 자극하지만 빡빡한 성과 측정과 벌칙 때문에 주변을 돌아보고 새로운 것을 시도할 수가 없다. 새로운 학습이 전혀 없이 기계 같은 반복 작업을 하는 상황에 이르면 출근 자체가 혐오스러워진다. 삶이 마치 돌파해야 할 장애물처럼 여겨지는 것이다.

하지만 이건 분명 우리의 삶이다. 그리고 이 삶은 조직과 직원 모두에게 비극적이다. 조직은 에너지와 열정의 잠재력을 가진 직원들이 업무에 무관심한 상황을 끔찍하게 여긴다. 직원들은 시간을 의미 있게 보내지 못하고 헛되이 흘려보내야 한다는 것을 끔찍하게 여긴다. 이렇게 정해진 사소한 업무가 반복되는 상황은 유발 하라리 Yuval Noah Harari 가 저서 《사피엔스》에서 5만 년 전 선조들이 오늘날 우리보다 훨씬 나은 삶을 살았다고 설득력 있게 주장하는 근거가 된다.[16]

창의성에 관한
무의식적 편견에 대하여

━━━

리더들은 연속성과 통제를 필요로 한다. 다시 말해 규정이 준수되는지, 고객에게 한 약속이 지켜지는지 확인해야 한다. 이는 사악한 일이 아니라 실용적인 일이다. 산업혁명 이후 관리자들이 나타난 이유가 바로 여기 있다고 할 수 있다. 미래의 변화와 도전이 불명확했으므로 직원들이 사전에 정해진 대로 행동하게 하는 편이 안전해 보였다.

1850년대, 프레데릭 테일러는 직원들이 기대치를 달성했는지의 여부를 현장에서 정확히 측정하도록 함으로써 관리자들의 통제 수위를 높였다. 사전에 정해진 과업을 달성하지 못하면 급여를 깎거나 지위를 낮추는 방법으로 작업 동기가 부여되었다. 앞의 논의에 나온 대로 상실의 두려움은 매우 직접적인 위협으로 다가가고 직원들의 주의집중 범위를 좁혀 특화된 작업에만 집중하게 한다. 특화된 일을 버거운 양으로 해내지 못할 경우 처벌받는다고 할 때 어떤 기분이 들지 생각해보라. 보상 혹은 처벌과 연결된 정교한 측정 체계는 조직이 직원들을 지휘하고 기존의 지식과 방법을 충분히 활용하도록 해준다.[17]

조직의 통제 관점으로 볼 때 지금까지는 아무 문제 없이 훌륭하다. 조직이 혁신과 새로운 적응을 필요로 하지 않는 한 그렇다. 기존의 방법을 활용하는 정교한 통제는 직원들이 새로운 대안을 탐구하거나 실험하기 어렵게 한다. 실험과 놀이의 결과는 '불확실하고 멀게 느껴지며 부정적이기 일쑤'라고 정의되지 않는가.[18] 봉급 삭감, 승진 누락, 지위 하락을 걱정하게 만드는 정책은 고양이 털처럼 작용해 두려움 시스템이 탐색 시스템을 대신하게 만든다. 생물학적으로 이는 우리의 창의성과 놀이 본능을 가로막는다. 우리 행동과 성과가 사전에 빡빡하게 짜여 있고 급여나 승진 같은 보상이 거기 연결되어 있다면 탐색할 시간이 충분하다고는 도저히 느낄 수 없다. 과학적 관리라는 틀은 우리 탐색 시스템에 거의 아무런 기회도 남겨주지 않는다(전체 그림을 파악하려면 그림3을 참고).

그림 3 조직에서 업무 무관심이 팽배하게 되는 이유

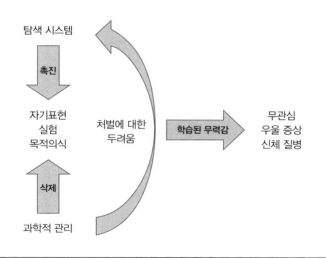

전 세계 CEO를 대상으로 한 IBM 조사를 보면 성공하기 위해 가장 중요한 리더십 자질로 꼽힌 것이 바로 창의성이었다.[19] 오늘날 리더들은 혁신의 필요성을 잘 안다. 하지만 현실에서 실험과 혁신으로 이어질 수 있는 행동은 여전히 처벌받는다. 실험은 예측이 불가능하고 계획에 따라가지 않는 법이니 말이다(실험이 학습을 낳는 것은 사실 정확히 이 때문이다). 월 매출이나 주간 생산 목표 달성을 걱정해야 하는 상황에서 관리자들은 자연스럽게 창의성을 싫어하고 거부하게 된다.[20] 창의적인 아이디어는 새롭고 실용적이라는 특징을 지니는데 기존 연구를 보면 우리는 새로운 것을 처벌하고 실용적인 것을 보상하는 일이 많다는 것을 알 수 있다.[21]

예를 들어 와튼스쿨의 경영대학원 교수인 심리학자 제니퍼 뮐러 Jennifer Mueller와 동료들에 따르면 창의성을 목표로 설정한 사람들조차 창의성을 거부하는 일이 많다고 한다. 불확실성을 경험하는 사람은 창의성에 대해 무의식적으로 부정적 편향을 보인다는 것이다. 이 연구는 인간의 의식 속에서 창의성을 드러내는 단어(예를 들어 '발명')가 긍정적 단어('햇빛', '웃음')나 부정적 단어('고통', '부패')와 얼마나 강하게 연결되는지 계산했다. 실험 참여자들에게 창의성＋부정적 단어(예를 들어 '발명'과 '고통') 연결이 나오면 한쪽 버튼을 누르고 창의성＋긍정적 단어('발명'과 '햇빛') 연결이 나오면 다른 쪽 버튼을 누르도록 한 것이다. 그러자 불확실한 상황에 놓인 사람들은 창의성이 부정적인 단어와 연결되었을 때 더 빨리 버튼을 눌렀다. 우리 두뇌 속에서 창의성이 부정성과 어떻게 연결되는지 보여주는 결과다. 사실 이는 놀랄 일이 아니다. 새로운 아이디어는 우스꽝스러운 실패, 사회적 거부로 이어질 수 있기 때문이다.[22] 지구가 우주의 중심이 아니라고 밝히는 최초의 인물이 되기는 힘들다. 디지털 시대에 필름은 필요 없어질 것이라고 코닥Kodak 경영진에게 말하는 것도 마찬가지다.

더 나아가 창의성에 대한 편견은 창의적 아이디어를 인식하는 우리의 능력을 손상시킨다.[23] 밀러와 동료들의 다른 연구를 보면 창의적인 아이디어를 표현하는 직원들은 리더십 잠재력을 평가받을 때 부정적인 영향을 받았다고 한다. 창의적인 문제 해결이 요구되는 업무에 종사하는 경우라 해도 말이다!

경직된 조직 문화가 답이 될 수 없는 시대

세상은 급속히 변화한다. 조직은 생존하기 위해 이 변화하는 세상에 적응해야 하며 리더들 또한 혁신적인 직원이 필요하다는 것을 안다. 그런데도 통제 중심 인사 정책, 무의식적 편견을 지닌 관리자들은 일반적으로 직원의 창의적 아이디어와 기존 수행 목표 달성을 방해하는 혁신 시도를 처벌한다. 입으로는 창의적이고 혁신적인 직원이 필요하다고 말할지 몰라도 실제로는 이미 검증된 아이디어와 절차를 활용하는 데 더 큰 가치를 두고 평가한다. 이렇게 하여 조직은 '매우 예측 가능하고 점점 더 경직된' 성격을 지니게 된다.[24] 내 친구이자 동료인 런던비즈니스스쿨의 쥘 고다드Jules Goddard는 "계획과 통제, 목표와 수행 지표, 측정과 비교 기준, 효율성과 탁월성, 전문화와 표준화, 일과 업무의 언어는 오늘날 기업이 당면한 도전에 전혀 맞지 않는 사고방식을 드러낸다."라고 했다.[25]

오늘날 대부분의 관리자들도 이를 느낀다. 스마트SMART, 즉 구체적이고specific 측정 가능하고measurable 성취 가능하며attainable 연관성 있고relevant 시급한time-sensitive 목표를 수립하고 강압적으로 수행 지표를 할당하는 관행이 직원들에게 문제 해결을 위한 새로운 접근 방식을 고려하도록 권장하지 못한다는 점을 안다. 하지만 다른 선택이 불가능하다고 느낀다. 실적 평가, 급여, 승진 등 기존의 시스템과 관행이 조직 문화에 깊숙이 뿌리박혀 있기 때문이다. 오늘날의 이러한 관리 시스템은 100년 전과 본질적으로 동일하다.[26]

우리 중 많은 사람들은 이를 조직을 운영하는 정해진 법칙으로 받아들인다. 마치 중력 같은 자연 법칙으로 말이다. 최상층의 사람들이 최선의 업무 방식을 고안해 이를 지루한 작은 조각들로 나누고 두려움과 돈을 무기로 우리에게 업무 수행 동기를 부여한다. 의미를 찾기 어렵고 재미도 없지만 일은 본래 그런 것이라는 식이다.

이러한 산업혁명 방식의 접근은 우리 정신 상태에만 해로운 것이 아니라 조직에도 해롭다. 우리는 이보다 훨씬 더 잘할 수 있다.

비행기를 타고 날아가면서
업무를 수행한다면

———

조직이 직원들에게 "자유를 누려! 실험을 해봐! 좋을 대로 해보는 거야!"라고 그저 말하기만 하면 성공할 수 있는 것일까? 물론 이런 방법도 가능하지만(정확히 이 방법으로 35억 달러를 벌어들인 밸브Valve 소프트웨어 같은 회사도 있다[27]) 조직은 여전히 직원들이 규칙을 준수하고 고객과의 약속을 지키며 조직을 무너뜨리지 않기를 바란다. 즉 일정한 틀이 필요한 것이다.

필요한 것은 직원들이 그 틀 안에서 자유를 찾도록 돕는 일이다. 자유란 직원들이 실험하고 새로운 것을 시도하며 자신을 표현하고 강점을 발휘할 수 있는 공간의 문제다. 위대한 조직들은 조직의 틀 내에서 직원들의 자유에 대한 인식과 실험이라는 두 가지 요소를 조화시킨다. 이를 '비행기를 타고 날아가면서 작업하는 것'이라 말하는 리더들도 있다. 물론 이는 직원들이 큰 그림, 즉 조직의 틀과 공유되는 목표를 이해할 때에만 가능하다.

자유와 틀 사이의 긴장을 적절히 유지하려면 직원들의 탐색 시스템을 활성화할 뿐 아니라 조직의 문제 해결을 위한 쪽으로 열정과 아이디어의 방향을 잡아주어야 한다. 그래야 직원들이 업무를 보다 진짜 삶처럼 느끼게 되고 조직은 연관성 있는 창의성과 혁신을 얻을 수 있다. 너무 이상적이라고? 아니, 그저 탄탄한 윈-윈 전략일 뿐이다. 다음 사례를 보자.

KLM 항공의 소셜 미디어 실험

에이야프야틀라이외쿠틀Eyjafjallajökull 이라는 아이슬란드 화산을 기억하는가? 2010년 4월에 폭발해 북부와 서부 유럽 상공을 두터운 먼지 구름으로 뒤덮은 화산이다. 6일 동안 항공편 운항이 전면 중단되었고 여행객 수천 명의 발이 묶였다. 이 기간 동안 네덜란드 KLM을 비롯한 여러 항공사들도 폭발을 경험했다. 고객들의 항공 정보 요청으로 콜센터가 마비된 것이다. 고객 지원이 가장 필요했던 시기에 과부하로 고객 지원이 차단되었다.

이 문제를 해결하기 위해 KLM 몇몇 직원들이 새로운 시도를 했다. 페이스북Facebook 과 트위터Twitter 에 최신 정보를 올린 것이다. 지금의 우리가 보기에는 당연한 일이지만 당시 소셜 미디어는 초기 단계였다. 트위터가 등장한 지 3년밖에 되지 않은 시점이었다. 대부분의 조직은 고객과의 의사소통에서 소셜 미디어를 사용하지 않았다.[28]

KLM이 소규모 스타트업 기업이 아니라는 점을 기억해달라. 90년 넘는 세월 동안 전 세계 항공편을 제공해온 회사가 아닌가. 3만 2000명

이상의 직원들이 133곳이 넘는 국제선 취항지에서 근무하는 최대의 항공사 중 하나가 KLM이었다. 더욱이 항공 업계는 규정이 엄격한 분야다. 해발 3만 피트 고도에서 시속 500마일로 승객을 나르는 상황이니 규칙이 얼마나 많겠는가. 직원들의 업무 틀이 확고하게 마련되어 있어 창의성이나 혁신의 여지가 별로 없을 것이라 쉽게 상상할 수 있다. 새로 등장한 소셜 미디어 플랫폼을 기반으로 의사소통하는 정책은 아예 없었다. 직원들의 시도는 과감한 것이 아닐 수 없었다.

처음에는 고객들과 소셜 미디어로 소통하는 자유가 제대로 빛을 발했다. 그 덕분에 KLM은 위기 상황에서 오히려 긍정적인 평가를 받았다. 가트너 블로그 네트워크Gartner Blog Network 멤버인 제프리 만Jeffrey Mann은 "화산재 위기 동안 KLM은 소셜 미디어를 어떻게 사용해야 하는지 보여주었고 에어프랑스AirFrance는 어떻게 사용하면 안 되는지 보여주었다."라고 쓰기도 했다.[29]

하지만 KLM의 소셜 미디어 실험이 늘 계획했던 대로 이루어지지는 않았다. 직원들은 여전히 새로운 의사소통 방식을 실험하고 학습하는 중이다. 예를 들어 월드컵 경기에서 네덜란드가 멕시코를 이겨 열기가 고조되었을 때 KLM 직원 한 명이 '아디오스 아미고스'라는 제목으로 항공기 탑승구 사진을 트위터에 올린 적이 있었다. '출발'이라는 단어 옆에 멕시코 모자를 쓴 콧수염 남자가 있었다. 이 사진 덕분에 KLM은 대중의 관심에 크게 노출되었다. 이 트윗이 수백만 번이나 리트윗된 것이다. 다른 한편 멕시코 배우 가엘 가르시아 베르날Gael García Bernal은

200만 명이 넘는 자기 팔로워들에게 향후 절대로 KLM을 이용하지 않겠다고 트윗을 보냈다. 그 밖에도 불만을 표시한 사람들이 수백 명이었다.[30]

해당 직원을 해고하고 소셜 미디어 실험을 끝내버릴 수도 있었지만 KLM은 공개적으로 사과하고 그 트윗을 삭제했다. 틀이 깨져버린 지점에서 학습하고자 한 것이다. KLM 대변인 리제트 코닝 Lisette Koning 은 "농담이었지만 너무도 큰 부정적 반응이 있었다."라고 설명했다. 북미 지역 KLM 대표이사 마르닉스 프라우테마 Marnix Fruitema 는 "최선의 스포츠맨십을 발휘해 우리는 그 일로 상처 받은 모든 분들께 진심으로 사과드린다."라고 썼다.[31]

이러한 결과는 소셜 미디어 의사소통에 대해 중요한 교훈을 남겨주었다. 직원들은 관심과 강점을 사용할 자유를 가지되 그 자유를 고객 서비스와 법적 규제라는 틀 안에서 행사하는 방법을 학습해야 하는 것이다. 혁신과 유연한 변화를 위해 실험은 필수적이지만 자유가 틀을 무너뜨리는 모든 상황을 사전에 예측하기는 불가능하다.

그리하여 KLM 항공은 직원들이 정규 업무의 틀 안에서 소셜 미디어 실험을 하도록 권장한다. 예를 들어 스키폴 공항에서 만난 고위 관리자는 소셜 미디어에 관심 많은 승무원이나 다른 직원들이 몇 명씩 모여 새로운 시도를 하려 할 때 1만 유로를 지원한다고 말해주었다. 모두가 이런 일을 꼭 해야 하는 것은 아니다. 하고 싶은 사람만 하면 된다. 자발적으로 구성된 실험팀은 트위터나 페이스북에서 KLM을 언급한 고객,

또한 위치 기반 SNS인 포스퀘어 Foursquare로 항공기 체크인을 한 고객을 찾아냈다. 그리고 페이스북, 링크드인 Linked in, 트위터를 통해 최첨단 소셜 미디어 사용자인 이들의 프로필과 성향을 알아냈고 항공기 탑승 전에 찾아가 맞춤형 선물을 전달했다.

예를 들어 귀국 편 날짜를 정해두지 않고 두바이로 향하는 고객에게는 '고향 생각을 달래주는 선물 세트'를 준비해 공항에서 전달했다. 뉴욕으로 가야 하는 바람에 중요한 축구 경기를 못 보게 되어 애석하다는 트윗을 올린 고객을 위해서는 뉴욕 시내 축구 중계 맥줏집 위치를 빠짐없이 표시해둔 뉴욕 여행 안내서를 선물해 깜짝 놀라게 만들었다. 하이킹을 위해 로마로 가는 또 다른 고객에게는 이동 거리와 걷기 속도를 기록해주는 스포츠 시계를 안겨주었다.[32]

KLM은 이런 식으로 틀 안에서 자유의 균형을 맞추었다. 직원들은 소셜 미디어를 사용하라는 지시를 받지 않고 관리자들은 이런 접근을 규칙화하지 않는다. 의지가 있는 직원들은 몇몇이 모여 일정한 비용을 지원받고 소셜 미디어 실험을 진행한다. 그리고 이를 통해 고객 반응에 대해 학습한다. KLM은 깜짝 선물을 받은 고객들이 어떤 반응을 보이는지 모니터했다. 트윗을 올리는지 페이스북에 글을 쓰는지 말이다.[33] 선물 40개는 소셜 미디어 대폭발을 불러왔다. KLM 선물에 대한 트윗은 3주 동안 100만 회 이상 노출되었다. 직원들이 내적인 관심으로 즐거이 시도해본 실험치고는 나쁘지 않은 결과였다. 하지만 리더들은 틀 안에서 자유를 권장하는 전략을 세워야 했고 이와 함께 실험이 계획대로 진행되지 않았을 때 학습할 준비도 해야 했다.

전체적으로 볼 때 KLM의 소셜 미디어 실험은 신기술에 능통한 고객과의 연결을 유지하는 데 도움이 되었다. 현재 KLM은 소셜 미디어 고객 서비스 에이전트 150명을 두고 있고 이를 통해 연매출 2500만 달러를 올린다. 그리고 소셜 미디어 우수 활용 항공사에 계속 선정된다.[34] 최근 KLM은 에어비앤비, 뉴요커, 레이디 가가, 구글, 워싱턴 포스트와 함께 인터넷계의 오스카상인 '웨비 어워드Webby Awards'를 수상하기도 했다.[35] 이 분야의 학습과 연관성을 이끌어낸 활동은 상급 경영자들이 각본을 만들어둔 것이 아니었다. 탐색 시스템을 가동한 직원들이 만들어낸 것이다.

조직의 틀 안에서 KLM은 자기표현, 실험, 업무 영향력 경험을 독려했다. 이는 탐색 시스템을 자극했고 직원들이 열정과 창의성을 발휘해 조직의 혁신과 적응을 돕게끔 만들었다.

인생에서 우리가 무엇을 해낼 수 있는지 검증하는 방법

이 책을 읽어가면서 독자들은 탐색 시스템의 다양한 유발 요인이 리더 혹은 직원인 우리에게 어떤 시사점을 갖는지 보게 될 것이다. 이들 유발 요인에 투자함으로써 직원들은 자기 업무를 다시 생각하게 되고 삶을 더욱 삶답게 살게 된다. 이를 위해 많은 것이 필요하지는 않다.

앞으로 신입 직원에게 출근 첫날 자기 이야기를 하도록 한, 스스로 나름의 직함을 만들도록 한, 개성을 반영한 프로젝트에 매달릴 '자유 시간'을 허락한, 자기 업무가 남들에게 미치는 영향을 경험할 방법을 고안한 리더들이 소개될 것이다. 이 모두가 탐색 시스템을 활성화하는 방법이다.

이들 유발 요인에 투자하는 것은 우리가 생각해낼 수 있는 가장 중요한 일이다. 물론 앞으로도 고된 일은 존재할 것이다. 멋진 몸매를 얻거나 경쟁력 있는 운동선수가 되려면 수많은 반복 훈련이 필요한 것과 마찬가지다. 하지만 일단 탐색 시스템에 도파민이 들어가면 일은 이 지구상에서 우리에게 주어진 시간을 의미 있게 쓰는 방법이 되기 시작한다. 탐색 시스템 활성화로 인해 일은 인생이라는 짧은 여행에서 우리가 무엇을 해낼 수 있는지 검증하는 방법이 된다.

다음 장에서는 직원들이 자신의 탐색 시스템을 활성화하고 잠재력을 발견할 수 있도록 자기표현을 권장한 리더들의 방법을 살펴보겠다.

Alive
at work

Part 2

자기표현

3

직원들이 '마치 그 일을 하기 위해 태어난 것처럼' 행동하게 하라

"기업은 변화의 바다에서 스스로를 발견하고 살아남기 위해서
모든 직원들의 활력 넘치는 기여를 필요로 한다.
그러자면 숨어 있기 일쑤인 직원들의 진정한 자질을
일터로 가져오게 할 방법을 찾아야 한다.
조종당한다거나 무슨 무슨 5개년 계획의 대상이라고
느끼지 않도록 하기 위해서 말이다."

나는 언제
가장 멋진 사람이었나

———

델리의 아파트에서 밤새 뒤척이다 깨어난 아데시는 인도의 정보통신 회사인 위프로 Wipro 에서 어떤 첫날을 보내게 될지 걱정이 가득했다.

2년 전 대학을 졸업한 후 벌써 네 번째 직장이었지만 새로운 회사에 들어가는 일은 늘 신경이 쓰였다. 동료들에게 어떤 첫인상을 남기게 될지, 어떻게 업무와 분위기에 적응해 인정받아야 할지가 여전히 스트레스였다.

새 직장에서 맡은 역할도 걱정이었다. 아데시는 콜센터 직원으로 전세계 사람들과 통화하며 항공권 예약이나 인쇄 문제 해결을 도와주어야 했다. 처음 해보는 일이었다. 물론 채팅으로 지원 서비스를 해보기는 했지만 실시간으로 지구 반대편에 있는 사람을 전화통화로 도와준 적은 없었다.

멋진 일자리지만 힘겨운 업무가 될 것이 분명해 보였다. 미국의 고객을 지원해야 했으므로 현지 업무 시간에 맞춰 오후 아홉 시부터 밤새 근무해야 했다. 또한 화가 나서 무례하게 행동할 수도 있는 고객을 침착하고 전문적으로 응대해야 했다. 미국식 억양과 태도도 익혀야 할 것이었다. 콜센터 신입들이 몇 달 만에 그만두곤 한다는 게 놀랍지 않았다.

델리의 교통 혼잡을 뚫고 셔틀버스로 한 시간을 이동한 끝에 아데시는 조경이 멋진 회사에 도착했다. 그리고 다른 신입 직원 열여덟 명과 함께 한 방으로 안내되었다. 지난 2년 동안의 경험 덕분에 아데시는 앞으로 진행될 상황을 잘 알고 있었다. '관리자 몇 명이 나타나 서류를 작성하게 하고 몇 시간 동안 직무 교육이 진행되겠지…….'

몇 분 후 한 남자가 들어와 자신을 선임 리더라고 소개했다. 놀랍게도 인사팀 소속이 아니었다. 업무 절차와 책임에 대해 설명하는 대신 선임 리더는 15분 동안 어째서 위프로가 뛰어난 조직인지 소개했다. "위프로에서 일하는 사람은 자신을 표현할 기회를 갖게 됩니다." 다른 곳의 신입 직원 교육 담당들과 달리 남자는 대본을 읽어 내려가지 않았다.

자신의 위프로 근무 경험 이야기를 해준 남자는 "직장에서 가장 행복한 시간, 최고의 성과를 만들어낼 자신만의 특징은 무엇입니까? 직장이나 가정에서 '마치 그걸 위해 태어난 것처럼' 행동했던 상황을 떠올려보십시오."라는 질문을 던지고 몇 분 동안 답변을 적도록 했다.

아데시는 잠시 눈앞의 백지를 바라보았다. 위프로가 남다른 회사라는 건 알았지만 오리엔테이션에서 자기 이야기를 하게 될 줄은 몰랐다. 어떻든 그는 주어진 과제에 집중했고 열두 살짜리 조카의 수학 숙제를 도와주던 일을 떠올렸다.

조카는 기하학 규칙을 어떻게 활용해 각도 계산 문제를 풀어야 할지 이해하지 못했다. 짜증이 난 조카는 숙제하던 종이를 구겨서 던져버렸다. 아데시는 일단 조카를 진정시킨 후 규칙을 하나씩 짚어갔다. "자,

봐라. 직선은 늘 180도야. 그걸 여기 써볼까? 이 문제에서 이 각도가 50도라면 다른 쪽은 얼마가 되어야 할까?"

아데시는 이런 식으로 30분 동안 천천히 차분하게 조카의 숙제를 도와주었다. 효과가 있었다. 일단 이해를 하고 난 조카는 더 이상 질문하지 않고 문제를 풀어나갔고 자신 있는 모습을 보였다. 아데시와 헤어지면서 조카는 "도와주셔서 고마워요."라고 인사했다. 사실 인사는 필요 없었다. 조카의 얼굴 표정에서 그 마음을 이미 충분히 느낄 수 있었기 때문이다. 아데시는 그때의 기억을 즐겁게 적어 내려갔다.

모두가 펜을 내려놓자 위프로 직원이 말했다. "아직 여러분들끼리 인사를 나누지 않았군요. 앞으로 함께 많은 교육을 받게 될 테니 서로 소개를 합시다. 각자의 최고 모습을 알려주는 것이 좋겠군요. 방금 쓴 이야기를 읽어주도록 하지요."

자기 차례가 되었을 때 아데시는 조카를 도와준 경험을 읽으면서 "저는 조카의 마음을 이해하고 장애물이 무엇인지 찾아냈습니다. 그리고 장애를 극복하게끔 돕는 것이 즐거웠습니다."라고 말했다.

모두가 소개를 마치자 선임 리더는 한 사람 한 사람의 이름이 새겨진 회사 배지와 스웨터를 지급했다. 아데시는 새로운 동료들이 이미 자신을 잘 알고 있다는, 자기 역시 동료들을 잘 알게 되었다는 느낌을 받았다. 그리고 그 순간 그는 최고의 자신이 된 것 같았다.

좋은 인상의 힘

우리는 모두 아데시 같은 입장에 처해본 적이 있다. 새로운 조직에 소속된 첫 몇 주는 혼란의 연속이다. 사람들이 사용하는 전문용어의 줄임말을 알아듣지 못하고 회의와 점심 식사 때 어떤 화제가 허용되는지도 아직 모른다. 품질과 속도 중에 무엇을 중시해야 하는지도 알 수 없다. 마치 다른 나라를 방문한 것 같다. 모든 것이 낯설다. 예전의 인간관계, 관행, 믿음에 기댈 수 없다.

이 불확실한 시기는 새로운 관리자와 동료에게 잘 맞춰가고 받아들여지고 싶은 인간의 기본적인 욕구를 경험하는 때이기도 하다.[1] 취약한 상황인 만큼 불안한 것도 사실이다. 조직도 물론 이를 알고 있으므로 조직의 가치, 업무 방식을 전달하고 교육하고자 한다.[2] 신입 직원들은 그 정보를 원하고 잘 받아들이는 청중이므로 조직이 규범, 가치, 기대를 심어주기가 아주 좋다.

이 자체로는 아무 문제도 없다. 조직, 특히 상대적으로 큰 조직의 직원들에게는 공동 목표를 갖는 것이 물론 중요하다. 하지만 내가 동료들과 인도 내 위프로 운영 본부 세 곳의 신입 직원 605명을 연구했을 때 우리는 더 나은 신입 직원 교육 방식이 가능하다는 점을 알아냈다.[3] 후속 연구로도 확인된 바이지만 아데시가 받은 교육처럼 최고의 자신을 드러내 보이는 이야기를 쓰고 공유하는 개별화된 접근법이 성과와 지속성 면에서 효과가 크다는 것이었다. 이를 통해 직원들이 조직과 더 긴밀한 관계를 구성한다는 점이 아마 더욱 중요할 것이다.

우리는 신입 직원들을 세 집단에 무작위로 배정하여 실험을 진행했다. 첫 집단은 앞서 소개한 것처럼 최고의 자신이었던 이야기를 쓰고 공유하도록 했다. 모임이 끝날 때는 이름이 새겨진 배지와 스웨터를 받았다.

두 번째 집단에게는 선임 리더와 우수 실적자가 나서서 위프로의 가치를 설명하고 어째서 위프로가 훌륭한 조직인지 알려준 뒤 "어떤 이야기를 들을 때 위프로의 일원이 된 것이 자랑스러웠습니까?"와 같은 질문에 답하면서 15분 동안 생각을 정리하게 했다. 동료들과 각자의 답변을 토론한 뒤에는 위프로 배지와 스웨터를 받았다.

마지막 통제 집단에 속한 사람들은 직무 훈련에 초점을 맞춘 위프로의 전통적 신입 교육을 받았다.

실험 참여자들을 6개월 동안 추적 관찰한 우리는 '최고의 자신'에 대해 떠올려보았던 아데시 같은 직원들이 전통적 신입 교육을 받은 동료들보다 실적이 월등하다는 점을 발견했다. 예를 들어 고객이 '매우 만족'하는 비율을 보면 첫 번째 집단이 세 번째 집단보다 11퍼센트 더 높은 72퍼센트였다. 또한 첫 번째 집단은 위프로에서 계속 일하고 있을 확률이 무려 32퍼센트나 높았다. 회사의 가치에 대해 토론한 두 번째 집단의 퇴직 비율도 세 번째 집단에 비해 14퍼센트 낮았지만 고객 만족 면에서는 유의미한 차이가 없었다.

결과적으로는 최고의 자신에 대한 모습을 쓰고 신입 직원 동료들과 공유하도록 한 방식이 가장 성공적이었다. 하지만 내 경력을 통틀어 이런 방식을 활용하는 기업은 단 한 곳도 보지 못했다.

현명한 개입

위프로에서 우리는 심리학자들이 '현명한 개입 wise intervention '이라 부르는 것을 시도했다.⁴ 이는 감정적 취약성을 만드는 무언가를 바로잡는 새롭고 작은 행동이 대단히 큰 효과를 불러일으키는 상황을 말한다. 아데시가 속한 신입 직원 집단은 새로운 사람을 만나고 적응하는 데 대해 불안을 느끼고 있었기 때문에 우리 실험이 대단히 큰 효과를 거두었다. 이런 상황에서 우리는 집단에 잘 맞는 모습을 보이려 애쓰며 기대에 부응하려는 경향이 있다. 힘들고 스트레스도 많은 일이다.

하지만 '최고의 자기 모습' 개입은 이 문제를 완화시켰다. 위프로 신입 직원들은 관계 시작 시점에 개인적 이야기를 공유함으로써 자신의 가장 가치 있는 행동이나 특성을 드러내고 자신을 충분히 표현할 수 있었다. 그 결과 자기가 원하는 방식으로 동료들에게 다가가게 되었다. 그리고 최고의 자기 모습을 보였다는 느낌을 받았다.

모든 사람에게 최고의 자기 모습이라는 것이 있는지 궁금한가? 자기 모습이란 결국 우리가 스스로에게 말해준 이야기일 뿐이라는 점을 기억하라. 객관적으로 보거나 만질 수 있는 자기 모습은 없다. 하지만 그 이야기가 우리 행동의 방식과 남들이 우리에게 반응하는 방식에 영향을 미친다는 것은 분명한 사실이다. 스스로에 대해 하는 이야기를 바꾼다면 우리 행동도 바뀌게 된다.

미시건대학교의 로라 로버츠Laura Roberts 와 동료들은 최고의 자기 모습을 '최고의 상태에서 자신이 보이는 자질이나 특성에 대한 인지적 표현'이라 정의한다.[5] 최고의 자기 모습에 대한 우리의 인식은 언젠가 그렇게 될 수 있다고 생각하는 '예상'이 아니다. 실제 삶의 경험과 행동을 바탕으로 한 것이다. 우리가 개발하고 발견해온 능력과 특징, 남들에게 긍정적인 영향을 미치기 위해 행한 행동이 최고의 자기 모습을 구성한다.

동료들이 최고의 내 모습을 알수록 나는 직장에서 본모습을 보이고 있다고 느끼게 된다. 우리의 현명한 개입을 겪은 실험 대상자들이 낮은 이직률과 높은 고객 만족도를 보인 이유는 바로 이것, 보다 진실한 자기 모습을 표현한 덕분이 아닐까 싶다. 이는 위프로라는 기업과 독특한 유대감을 형성하게 했다. 우리 연구를 도와준 관리자 아밋 라스토기Amit Rastogi 는 "사람들은 특별한 개인으로 인정받는 걸 자랑스러워했어요. 조직 안에서 독자적 정체성을 인정받은 것이었죠. 회사와의 동일시도 더 빨라졌어요. 조직과 긴밀히 연결되어 있다고 느꼈고요."라고 말했다.

최고의 자기 모습이란 상황에 맞춰 우리가 택하는 정체성들 중 하나일 뿐이라는 점을 기억해달라. 중심적 정체성은 때에 따라 아버지나 딸일 수도, 학자나 관리자일 수도 있다. 다른 정체성과 마찬가지로 최고의 자기 모습 역시 활성화될 필요가 있다. 하지만 위프로 사례가 보여주듯 이를 위해 많은 것이 요구되지는 않는다. 우리의 개입으로 인해 신입 직원들은 자신의 고유한 최고 모습을 찾아나가도록, 그리고 이를 동료들과 공유하도록 독려받는다고 느꼈으며 이 경험은 업무에 추가적 의미를 부여했다.[6] 직원들은 최고의 모습을 자주 보이려 노력하게 되었다. 동료와 관리자들이 고유한 능력과 특징을 좋게 평가해주었기 때문에 이후의 상호작용에서도 더 자유롭고 솔직할 수 있었다.

최고의 모습을 유지하고 발전시키려 하는 직원들

최고의 자기 모습 활성화에서 가장 좋은 점은 장기적인 누적 효과 cascading effects가 나타난다는 것이다. 예를 들어 최고의 자기 모습 활성화 이후 아데시는 열정과 같은 긍정적 감정을 경험했고 이는 보다 창의적인 정보 처리를 촉진했다.[7] 그 결과 스트레스에 더 생산적으로 반응할 수 있었다.[8] 동료나 고객들과 더 창의적이고 더 생산적으로 상호작용하면서 최고의 자기 모습은 더욱 강화되고 이는 긍정적인 감정과 실적으로 이어져 또다시 최고의 자기 모습을 강화시키는 연쇄 효과가 이어졌다. 나는 다른 연구에서도 비슷한 결과를 얻었다. 실험실로 사람들을 불러 데이터 입력 과업을 주고 최고의 자기 모습 접근법을 통해 서로 교류하도록 했다. 이들은 통제 집단에 비해 입력 오류가 적었고 다른 날 다시 와서 더 많은 데이터를 입력할 가능성이 유의미하게 높았다.[9] 이들의 열정은 연구 기간 후에도 사라지지 않았다. 일단 점화된 열정은 계속 타올랐던 것이다.

어째서일까? UCLA 심리학 교수 재닌 더처 Janine Dutcher는 fMRI 연구를 통해 자신의 최고 자질을 생각하도록 자극받은 사람들의 탐색 시스템이 활성화된다는 것을 발견했다.[10] 자아와 관련 없는 선호도 판단을 한(토스터에 대한 평가였다) 통제 집단에서는 이런 효과가 나타나지 않았다. 최고의 모습을 떠올리다 보면 우리는 자신이 무엇을 할 수 있는지 생각하게 된다. 탐색 시스템이 우리가 직장에서 더 많은 에너지를 얻고 자신에게 더 전념하도록 하는 방식도 바로 이렇다.

사람들은 대부분
자기가 뭘 잘하는지 알지 못한다

자신에 대한 이야기를 개발하고 행동을 변화시키는 데 있어 자기확신과 자기표현만큼 강력한 방법이 하나 더 있다. 이 분야의 선구적 연구자인 로라 로버츠와 동료들이 얻은 결과를 참고해 우리는 한 사람의 사회관계망 내 지인들에게 그 사람이 보여준 최고의 모습이 어떤지 이야기해달라고 요청했다. 다시 말해 친구, 가족, 멘토, 동료에게 그 사람의 재능과 강점을 기술하도록 한 것이다.[11] 예를 들어 친구가 쓴 다음 글을 보자.

넌 총명함을 당당하게 드러내는 사람이야. 사람들, 특히 여자들은 모임에서 제일 똑똑한 사람이 되기를 두려워하기 쉬운데 너는 현명하고 순발력 있는 멋진 여성의 모습을 보여주는 역할 모델이야. 총명해도 괜찮다는 걸 알려줄 뿐 아니라 네 탁월함을 모두가 알게 하지. 네가 학교 토론 대회에서 우승했던 일이 생각나. 정말 대단했어.

다음은 동료가 쓴 글이다.

로라는 비즈니스의 앞일을 잘 내다보고 우리 고용 상태가 유지되도록 돕기 위해 모든 노력을 다했어요. 2012년, 허리케인 샌디가 동부 해안을 강타했을 때 이곳 플로리다의 우리는 별 생각이 없었어요. 하지만 로라는 그 후유증을 염려했지요. 뉴욕과 뉴저지 지역에서 회수해야 할 채권이 많은 상황이었거든요. 결국 로라가 은퇴 저축에서 대출을 받아 구멍을 막았어요. 파트타임 직원들 몇 명을 해고하라고 제가 조언하기도 했지만 로라는 늘 최선을 다해준 사람들이라고, 그래서 그럴 수 없다고 하더군요. 회사 상황이 다시 회복되기까지 6개월이 걸렸어요. 하지만 로라 덕분에 모두들 일자리를 잃지 않았답니다.

내 안의 특별함을 발견해주는 타인의 시선

친구나 동료들이 쓴 이야기들은 다음 몇 가지 이유에서 강력하다. 첫째, 이 이야기들은 자신에 대한 시각을 확대시킨다. 물고기가 몸이 젖었다는 걸 모르듯 우리도 자신의 강점을 자연스럽고 당연하게 여기곤 한다. 스스로는 별것 아니라 여기는 특징이 남들 눈에는 최대의 강점일 수 있다. 피터 드러커 Peter Drucker도 "대부분의 사람들은 자신이 뭘 잘하는지 안다고 생각한다. 하지만 대개는 틀린다. 더욱이 자신이 뭘 못하는지도 안다고 생각하지만 이 역시 맞기보다는 틀릴 경우가 더 많다."라고 하지 않았나.[12] 또한 충분히 가깝고 믿을 만한 사람에게서 나온 이야기라는 점 때문에 자기 회고에 비해 한층 의미가 크고 영향력도 강하다.

사회관계망에서 나오는 이러한 최고의 자기 모습 활성화의 이점도 분명하다. 탐색 시스템이 활성화될 때 우리의 수행은 개선된다. 노래 부르는 스트레스를 불안 대신 기대로 해석한 사람이 더 좋은 평가를 받는 것처럼 말이다. 미시건대학교의 줄리아 리 Julia Lee 는 일련의 연구를 통해 사회관계망으로 최고의 자기 모습을 활성화한 사람들의 면역 반응이 더 강하고 창의적 문제 해결 능력이 200퍼센트 이상 높아지며 불안이나 부정적 생리 자극이 줄어든다고 하였다. 줄리아 리의 다른 연구를 보면 참여자들을 두 집단으로 나눠 3분 연설을 하기 전에 한 집단에게는 친구들이 쓴 최고의 자기 모습 이야기를 읽도록 하고, 다른 집단에게는 최고의 자기 모습 이야기를 직접 쓰도록 했다. 그러자 전자의 집단이 연설 평가에서 통계적으로 유의미하게 더 높은 점수를 얻었다.[13]

직원이 자기 일을
'진짜 삶'으로 느끼게 해야 한다

———

앞선 연구들을 종합하면 최고의 자기 모습 활성화는 탐색 시스템을 자극해 신체적, 정신적 기능을 개선하고 수행 성과를 높이는 것으로 나타났다. 최고의 자기 모습을 스스로 생각했을 때보다는 남들이 알려주었을 때 그 효과가 더욱 컸다.

다음으로 우리는 사회관계망을 통한 최고의 자기 모습 활성화가 팀 기능과 수행 성과 또한 개선하게 될 것인지 알고 싶었다. 팀이 높은 수행 성과를 보이려면 효과적인 의사소통과 정보 공유가 필요하다. 하지만 새로운 팀이 구성될 때 혹은 기존의 팀에 새로운 구성원이 합류할 때 사람들은 집단에 받아들여질 것인지에 대해 불안감을 느낀다. 그 불안 때문에 자신을 돋보이게 할 수 있는 개성적 정보를 감출 가능성이 높다.[14] 유능하다고 인정받으려면 모두가 동의하는 정보에 대해서만 말하는 편이 안전한 법이니 말이다.[15] 우리는 사회관계망을 사용한 탐색 시스템 활성화가 신생 팀의 이런 문제를 없앨 수 있을지 알아보고 싶었다.

그리하여 하버드케네디스쿨의 4주 리더십 개발 프로그램에 참여한 리더들 246명을 대상으로 하여 팀 수행을 살펴보았다. 총 42개 팀을 무작위로 두 가지 실험 조건에 배정했다. 모든 참여자들은 자신이 남에게 최고의 영향을 미쳤던 이야기를 글로 썼다. 그런 뒤 첫 번째 조건에 들어간 팀 구성원들은 공중보건 관련 가상 위기 상황에 참여하기에 앞서 지인들이 기록해준 최고의 자기 모습 보고서를 전달받았다.[16] 반대로 두 번째 조건의 팀 구성원들은 상황이 종료되기까지 보고서를 받지 못했다.

각각의 팀은 가상 상황에서 7일 동안 응급관찰팀 역할을 했다. 공무원으로서 코로나바이러스 발생 이후 상황을 모니터하고 해결책을 제안하는 일이었다. 브리핑을 하는 날이 될 때까지 두 실험 조건의 팀들이 받은 정보(트위터와 뉴스 기사 등)는 동일했다. 정보에 반응하고 의사결정을 내려 향후 방안을 제안해야 한다는 과제도 같았다. 각 팀의 구성원들은 가상 상황이 시작되기 전까지 서로 만나거나 연락해본 적 없는 사이였다. 두 실험 조건 팀들 간의 차이는 우리가 제공한 사회관계망 최고의 자기 모습 보고서뿐이었다. 브리핑 당일, 각 팀은 미국 정부와 하버드 교수진으로 구성된 전문가 패널 앞에서 20분의 프레젠테이션을 했다. 총 16인의 전문가 패널이 해결책의 품질과 창의성을 평가했다. 패널들은 팀들이 두 집단으로 나뉘어 다른 실험 조건에 놓였다는 점을 알지 못했다. 그렇게 하여 우리는 각 팀의 수행을 측정했다. 연구 결과 최고의 자기 모습 표현 조건이었던 팀들이 통제 집단 팀들에 비해 수행이 월등했다. 이는 연령 분포, 팀 크기, 평균 나이, 성별 구성을 통제한 후에도 마찬가지였다.

재능을 찾기 위한 새로운 전쟁

데이비드 화이트David Whyte는 저서 《미지의 바다 건너기 Crossing the Unknown Sea》에서 "기업은 변화의 바다에서 스스로를 발견하고 살아남기 위해서 모든 직원들의 활력 넘치는 기여를 필요로 한다. 그러자면 숨어 있기 일쑤인 직원들의 진정한 자질을 일터로 가져오게 할 방법을 찾아야 한다. 조종당한다거나 무슨 무슨 5개년 계획의 대상이라고 느끼지 않도록 하기 위해서 말이다."라고 했다.[17]

이 문제를 해결할 책임은 조직의 리더들에게 있다. 최고의 자기 모습을 활성화하고 탐색 시스템을 자극하는 과업은 다음 두 가지 이유에서 훌륭하다.

첫째, 이는 인간으로서의 우리에게 좋은 일이다. 우리는 모두 직장에서 더 활기찬 기분을 느끼고 싶어 하기 때문이다. 사람들이 자신만의 강점을 파악하고 사용할 때 '더 많이' 혹은 '매우' 활기차다고 느낀다는 것이 기존 연구들의 결과다.[18] 심리학자 마틴 셀리그만은 무작위 추출한 실험 집단에게 성격 특성 검사를 진행해 '개성적 강점'을 파악하게 한 뒤 한 주 동안 매일 새로운 방식으로 강점을 사용하도록 하는 연구를 진행했다. 통제 집단에 비해 이들은 우울 증상(두통, 수면 장애, 잠 깨기 문제)을 덜 경험했다.[19] 자신의 최고 강점을 찾고 발견하고 실현하면서 삶의 의미와 방향을 찾게 되었기 때문이다.[20]

둘째, 내적 동기와 긍정적 감정을 바탕으로 일을 '진짜 삶'으로 느끼게 되면 우리는 우리 조직이 적응하고 혁신하고 유연성을 유지하도록 돕는 일을 더 잘하게 된다. 이는 조직에 대단히 큰 이익이다. "적응력, 활력, 상상력, 조금 더 나아가려는 열정적 적극성은 역사가 시작된 이래 인간이 늘 원해온 오래된 자질이다."라는 데이비드 화이트의 말처럼 말이다.[21]

재능을 찾기 위한 새로운 전쟁이 시작되었다. 직원들을 경쟁으로 몰아가는 전쟁이 아닌, 직원들 내에 잠들어 있는 열정을 풀어내기 위한 전쟁이다.

다음 장에서는 직원들의 자기표현을 실험한 다른 조직들의 방법이 소개될 것이다.

4

직장은 자기표현의
무대가 되어야 한다

사회가 인스타그램, 페이스북 등에 얼마나 중독된 상태인지 보면
자기표현이 얼마나 매력적이고 재미있는 활동인지 알 수 있다.
이미 수천 년 전부터 철학자들은 인간이 자기 본모습을 남들에게
보여주고 싶은 내적 충동을 가졌다고 말해왔다.
인간으로서 우리는 진정한 자아를 인정받고 싶어 한다.

새로운 직함이 가져온
놀라운 결과

———

베스트셀러 작가이자 와튼스쿨 교수인 애덤 그랜트Adam Grant 는 박사과정 학생일 때 동료 저스틴 버그Justin Berg 와 함께 '소원성취 재단Make-a-Wish Foundation '에서 자원봉사를 했다. 이 비영리단체는 '불치병에 걸린 어린이들이 소원을 이룰 수 있도록 지원하고 희망, 용기, 기쁨이라는 인간적 경험을 풍성하게 한다.'라는 사명을 갖고 있다.

이 고귀한 사명 덕분에 재단은 최고의 인재들을 모을 수 있었다. 하지만 자원봉사에서 출발해 질적 조사를 진행하게 된 그랜트와 버그가 직원들을 면접하여 조사하자 업무 부담이 몹시 크다는 점이 드러났다. 어린이들의 소원성취를 도와주는 과정에서 상실감, 슬픔, 고통을 겪으면서 감정적 소진까지 나타날 수 있었던 것이다. 한 직원은 다음과 같이 말하기도 했다.

"늘 이 생각을 하고 있기는 어렵습니다. 정말로 슬픈 일이어서요. 감정적으로 가장 힘든 부분은 아이들이 어떤 상황을 헤쳐나가는지 생각하는 것, 매일 의사를 만나야 하는 환자임을 깨닫는 것, 그리고 부모가 어떤 심정일지 상상하는 것이지요."[1]

면접을 진행하면서 그랜트와 버그는 당시 CEO 수전 펜터스 러치

Susan Fenters Lerch가 직원들의 감정 소진을 막기 위해 도입한 흥미로운 정책을 알게 되었다. 디즈니랜드의 개발 회의에서 직원들이 고유의 가치, 정체성, 재능을 반영한 나름의 직함을 만들도록 한다는 점을 알게 된 러치가 이를 재단의 상급 리더들에게 소개한 것이다. 그리고 소원성취 재단에서도 자기를 보다 잘 드러내는 직함을 만들자는 결정이 내려졌다.

러치의 목표는 간단했다. 새로운 직함을 통해 직원들이 감정적으로 무척 힘들다 해도 궁극적으로는 기쁨을 만들어내는 사명을 다하고 있음을 기억하도록 하는 것이었다.[2] 그리하여 러치는 모든 직원들에게 공식 직함에 더해 자신의 역할과 정체성을 반영한 나름의 직함을 만들게 했다.

러치 자신이 정한 직함은 '소원을 들어주는 요정 할머니'였다. 사람들이 미소 짓게 하고 업무의 좋은 결과를 기억하게 하는 명칭이었다. 다른 직함의 예를 들면 '달러와 센스 장관(최고운영책임자)', '인사의 여신(행정팀 직원)', '행복뉴스 파발꾼(홍보팀장)', '데이터 공작부인(데이터베이스 관리자)', '행복기억 메이커(소원팀 관리자)' 등이 있었다.

직원들은 기존 직함에 새로 만든 직함까지 더해진 명함을 지급받았다. 새 직함은 홈페이지에도 올라갔고 직원들은 새 직함까지 넣어 이메일 서명을 하기 시작했다.

자기 역할을 높이 평가하게 하는 성과

비용도 거의 안 드는 이런 작은 변화가 직원들의 태도와 행동에 실제로 영향을 미칠까?

애초에 그랜트와 버그는 다소 회의적이었지만 막상 면접을 해보니 직원들은 찬사를 쏟아냈다. 85퍼센트의 직원들이 자신을 드러내는 직함 덕분에 감정 소진 위험이 줄어들었다고 말했다. 한 직원은 직접 만든 직함이 "업무를 조금 더 쉽게 만들어주었고 외부 타격을 견뎌내고 동기를 유지하게끔 했다."라고 말했다. 교육팀장은 새로운 직함 덕분에 "극한 상황임에도 즐거운 면에 초점을 맞출 수 있게 된다."라고 했다.

그랜트와 버그의 발견에 영감을 받아 우리는 직원들의 면접 녹음 자료를 조금 더 깊이 파보기로 했다. 그리고 세 가지 공통 주제를 발견했다. 첫째, 면접 대상자의 69퍼센트는 새로운 직함이 자신의 개성과 정체성을 조직에 알리는 기회가 되었다고 했다. 3장에서 살펴보았듯 자기확신과 자기표현은 사람들의 탐색 시스템을 활성화하고, 이는 열정을 높이고 소진을 줄이며 개방성, 창조성을 촉진한다. 예를 들어 영업 관리자는 애초에 새로운 직함 프로젝트에 회의적이었지만 결국 업무의 의미를 발견하고 사람들이 자기 역할을 높이 평가하게 되는 성과가 있었다고 말했다.

전 스스로를 '회계사 유형'이라고 생각해요. 뭔가 어처구니없어

보이는 게 있으면 참을 수가 없거든요. 막상 '열쇠와 근거 보관자'라고 직함을 정하고 나니 제가 하는 일을 아주 잘 보여주었다는 생각이 들었어요. 직원들은 새 직함 덕분에 서로를 더 잘 알게 되었죠. 이게 없었다면 아마 이직률이 훨씬 더 높았을 거예요. 감정적 소진이 훨씬 컸을 테니까요.

소원팀 관리자는 이렇게 말했다.

'행복기억 메이커'라는 직함을 말하면 모두들 이구동성으로 정말 잘 맞는 직함이라고 하더군요. 저절로 출근하고 싶은 마음이 생기겠다고요. 새로운 직함이 없었다면 우리는 이만큼 서로를 잘 알지 못했을 겁니다. 친밀감도 훨씬 덜했을 것이고요.

두 번째 주제는 심리적 안정감이었다. 직원들은 새 직함이 서로를 조금 더 개방적으로 만들면서 정보 공유와 개성적 아이디어를 격려하는 방향으로 조직 문화가 바뀌었다고 말했다. 하버드경영대학원의 에이미 에드먼슨 Amy Edmondson 교수는 심리적 안정성을 직원들이 대인관계 리스크 앞에서 느끼는 편안함의 정도라고 정의했다.[3] 소원성취 재단의 다수 직원(77퍼센트)에게 새 직함은 서로를 단지 직장 동료가 아닌 인간으로 바라보도록 한 계기였다. 한 직원은 이렇게 설명했다.

우습고 재미있는 직함 덕분에 동료들 사이의 장벽이 좀 깨져 나간 기분입니다. 각자의 어려움을 터놓고 말하며 함께 해결책을 찾아보게 되었지요.

자원봉사팀장도 비슷한 평가를 했다.

처음에는 업무 중심 분위기에서 빠져나와 새로운 직함에 익숙해지기까지 시간이 좀 걸렸습니다. 일단 익숙해진 후에는 정말 좋더군요. 분위기가 부드러워졌거든요. 새 직함은 모두의 사고방식에 영향을 미쳤습니다. 새로운 아이디어에 좀 더 포용적이 되었지요. 스트레스도 줄었고 직원들끼리 상호작용을 하기가 더 쉬워졌습니다.

CEO 러치의 말은 이렇다.

지구 위에 사는 모든 사람이 자기 이야기를 갖고 있습니다. 새 직함은 그 점을 일깨웠습니다. 모두를 한 인간으로 보게 된 것이지요. 벽을 허물고 진정한 대화가 가능해졌습니다. 우리 업무는 워낙 힘들고 자주 비극적 상황에 당면합니다. 재미있고 서로 응원하는 분위기여야 그걸 헤쳐나갈 수 있습니다.

마지막으로 자신을 반영하는 새로운 직함이 재단 외부 사람들에게 개인적 정체성을 표현하도록 했다는 언급이 많았다. 많은 직원(85퍼센트)이 새 직함 덕분에 외부인들과 즐거운 상호작용을 하게 되었다고 말했다. 재정최고책임자는 새 직함이 "사람들과의 첫 만남 분위기를 부드럽게 만들어 대화가 시작되도록 해주었다."라고 했다. 소원팀 담당자는 이렇게 말했다.

처음 만나 인사하면서 "저는 소원팀을 맡고 있습니다. '동화 속 요정'이라고도 불리지요."라고 하면 바로 대화가 시작됩니다. "아, 동화 속 요정은 무슨 일을 하는 건가요?" 새 직함은 정말 재미있고 저를 기분 좋게 만듭니다.

개발팀장은 다음과 같이 설명했다.

대부분 직원들이 새 직함으로 불리기를 좋아합니다. 재미있고 뭔가 마법 같은 느낌이거든요. 재미를 느끼면 그걸 공동체에 옮겨놓게 되죠. 업무가 더 쉬워지고 외부의 충격에 덜 영향 받게 됩니다. 좀 더 신나게 일할 수 있어요.

후속 연구에서 그랜트와 버그, 그리고 나는 다른 업계의 조직에도 이렇게 자기를 표현하는 직함을 만들게 했다. 미국 남동부의 의료 네트워크 노반트 헬스Novant Health 에서는 새로운 직함의 효과가 더 강하고 분명하게 나타났다. '세균 박멸자(감염질환을 다루는 내과 의사)', '신속 한 방 (어린이 환자에게 알레르기 주사를 놓는 간호사)', '뼈 탐색자(엑스레이 기사)' 등 재치 만점의 새로운 직함을 정한 직원들이 업무에 소진되는 정도가 통제 집단에 비해 11퍼센트 줄었다.

탐색 시스템이 이렇게 작동하는 것을 보면 마음이 따뜻해진다. 자신을 드러내는 직함은 그저 재미에 그치지 않는다. 자기표현의 일환인 이들 개성적 직함은 긍정적인 감정과 목적의식을 자극한다. 특히 자신의 업무를 '인식적으로 재평가하도록' 한다.[4] 다시 말해 우리 일에서 더 의미 있고 내적 보상이 큰 부분, 자칫 놓치기 쉬운 이 부분에 초점을 맞추도록 이끌어준다.

팀의 역동성을
부추기는 장치

———

자기를 드러내는 직함의 영향력은 개인 차원에만 머무르지 않는다. 새 직함은 팀의 역동성 또한 개선시킨다.

스탠퍼드경영대학원의 린디 그리어 Lindy Greer 와 동료들은 실리콘 밸리와 실리콘 비치 인큐베이터에서 스타트업팀 80개를 선정해 18분 동안 스파게티면, 종이, 테이프를 사용해 가장 높은 탑을 만들게 했다.[5] 탑은 꼭대기에 마시멜로 하나를 올려두었을 때 무너지지 않아야 했다. 쉬운 일로 들린다면 한번 시도해보라. 창의성, 실험, 협력이 많이 요구되는 과업이다. 경쟁 상황이라면 불안감까지 더해진다.

일부 팀의 경우 각 팀원들이 '자신의 재능, 강점, 열정에 잘 맞고 과업에 기여할 수 있는 바'를 반영하는 직함을 만들도록 했다. 그리고 '직함의 역할에 해당하는 책임과 업무'를 기술하도록 했다. 팀원들은 서로의 직함과 업무 내용을 공유했다.

이들 팀의 구성원들은 자신이 팀에 부여할 수 있는 가치를 반영해 직함을 만들었다. '제2바이올린', '코드 수호자', '제품 디자인의 신', '수다 최고책임자', '사교계의 꽃', '세일즈의 테일러 스위프트', '전략의 술탄' 등이 등장했다.

이미 짐작했겠지만 이런 직함을 붙인 팀과 그렇지 않은 팀 사이에는 커다란 차이가 나타났다. 이유는 무엇일까?

첫째, 탑 쌓기 과업은 호기심, 실험, 놀이, 창의적 아이디어 교환 등을 촉진하는 탐색 시스템 활성화를 필요로 한다. 그런데 여기서 규모가 작고 신속히 확장되는 스타트업 기업의 특징이 변수로 등장한다. 이런 기업에서는 위계서열이 분명하지 않다. 다양한 협력의 단계에서 누가 주도권을 쥐어야 하는지가 명확하지 않은 것이다. 그러나 새로운 직함을 정해 공유하고 나자 모두가 서로의 역할을 인식하게 되었고 결정력이 커졌다. 모호함이 줄어든 것이다. 누가 어떤 부분을 잘하는지, 어디에 자신감이 있는지 아는 상태이므로 제대로 역할을 배분할 수 있었다.

이 연구들을 종합하자면 자기를 드러내는 직함이 직원들로 하여금 '우리 속의 나'를 깨닫게 했다고 할 수 있다.[6] 팀 안에서 개성적 정체성을 발휘하게 된 것이다. 심리학자 매릴린 브루어 Marilyn Brewer 의 표현을 빌리면 팀 구성원들 각자가 '적정하게 부각'되었다.[7]

팀의 다양성 끌어내기

자기표현을 통해 직원들의 탐색 시스템을 자극하는 개입은 각 팀원이 덜 두렵고 더 즐거운 기분으로 팀에 기여하도록 만드는 큰 효과를 발휘한다.[8] 하버드대학교의 로빈 엘리 Robin Ely 와 데이비드 토머스 David

Thomas는 컨설팅 회사 한 곳, 금융서비스 회사 한 곳, 법률 회사 한 곳을 대상으로 진행한 연구에서 그 효과를 확인했다. 팀들이 각 팀원의 고유한 자질을 터놓고 논의할 때, 그리고 다양한 관점을 통합해 의사결정을 내리고자 할 때 직원들은 가치를 인정받고 존중받는다고 느꼈고 기꺼이 과업을 맡고자 했다. 이는 다시 팀 전체의 학습과 수행을 높였다. 팀의 다양성은 소통의 장애물이 아닌 자산으로 변화했다.[9]

다양성이라는 지점은 중요하다. 좋은 리더들은 서로 다른 배경, 능력, 관점을 지닌 사람들로 팀을 구성해야 한다는 것을 안다. 하지만 바로 하버드케네디스쿨의 팀들 사례가 보여주듯 팀원들이 자신을 표현하고 생각을 드러내려 하지 않으면 다양성의 이점은 살리지 못하게 된다. 텍사스대학교 심리학 교수인 윌리엄 스완William Swann이 하버드의 제프리 폴저Jeffrey Polzer와 함께 진행한 연구에서는 다양성을 지닌 팀이 팀원들 각자의 강점을 제대로 살리지 못하는 경우 균질한 팀보다 오히려 수행 성과가 낮은 것으로 나타났다.[10]

지난 몇 년 동안 기업들은 팀의 창조성과 의사결정력을 개선하기 위해 많은 노력과 돈을 투자했다. 다양성 훈련diversity training, 자율적 관리팀self-managed team, 교차기능팀cross-functional team 등이 시도되었다. 이것도 좋지만 인간에 초점을 맞춘 더 단순한 방법이 비용은 훨씬 적고 성과는 매우 크다. 산업혁명기 이후 우리가 직원들을 다뤄온 기계적이고 탈개인화된 방식을 이제는 넘어서야 한다. 자기표현으로 사람들의 탐색 시스템에 불을 밝혀주어야 한다.

자기 강점을 매일 사용하는
직원들의 회사

―――

갤럽 연구소의 브랜든 리고니 Brandon Rigoni 와 짐 애스플런드 Jim Asplund 는 전 세계 수백만 회사원들의 방대한 데이터를 분석하여 나름의 강점을 사용했다고 믿는 시간이 길면 길수록 '에너지 수준이 높다', '흥미로운 것을 학습한다', '행복하다', '많이 웃는다'라고 응답할 가능성이 높다는 점을 발견했다.[11] 탐색 시스템이 활성화될 때 나오는 응답들이다.

자기 강점을 매일 사용하는 직원들은 삶의 질이 매우 좋다고 대답할 가능성이 세 배 이상 높다. 삶이 더 살 만한 가치 있는 것으로 여겨진다. 갤럽 연구소 조사 결과는 상관관계에 그치긴 했지만 현장 자료를 바탕으로 탐색 시스템의 효과를 보여주었다. 또한 직장에서의 탐색 시스템이 국가와 기업 문화를 넘어서는 요소라는 점도 드러냈다.

앞선 3장과 이번 4장에서 설명한 위프로의 신입 교육, 하버드 프로그램 참여자들의 사회관계망에서 나온 최고의 자기 모습 보고 등의 자기 확신과 자기표현 과정은 강점 기반의 관리 기법이다. 위에 소개한 갤럽 데이터는 강점 기반의 개발 코칭과 직무 설계를 도입해 직원들이 가장 잘하는 일을 더 많이 하게끔 한 결과 기업의 비즈니스 단위별 성과가 높아졌다는 점도 보여준다. 직원들 나름의 강점을 확인시키고 그 강점을 더 자주 사용하도록 독려한 것이다. 45개국 일곱 개 산업 분야의 22개 조직에서 직원 120만 명을 둔 기업들 4만 9495개를 분석해 나온 결과였다.

강점 개입을 받은 대상들은 노반트 헬스, 위프로, 하버드 리더들 연구에서와 동일한 유형의 발전 양상을 나타냈다. 고객 서비스는 3~7퍼센트, 업무 집중은 9~15퍼센트 높아졌고 이직률은 26~72퍼센트 줄어들었다. 여기 더해 갤럽 연구소는 매출 증가율 10~19퍼센트, 이익 상승률 14~29퍼센트, 안전사고 감소율 22~59퍼센트 등 내 연구에서 얻지 못한 결과까지 보고했다.

직원의 자기표현 욕구를 이해해야 하는 이유

사회가 인스타그램, 페이스북 등에 얼마나 중독된 상태인지 보면 자기표현이 얼마나 매력적이고 재미있는 활동인지 알 수 있다. 이미 수천 년 전부터 철학자들은 인간이 자기 본모습을 남들에게 보여주고 싶은 내적 충동을 가졌다고 말해왔다. 인간으로서 우리는 진정한 자아를 인정받고 싶어 한다.[12]

대부분의 기업들은 이처럼 이미 증명되고 충분히 논리적으로 보이는 사안을 해결하는 데 실패하고 있다. 기업의 삶은 인간의 자기표현 욕구와 반대로 가기 일쑤다. 관리의 본래 목적이 업무를 탈개성화하여 직원들이 쉽게 대체되도록, 그리고 표준화되고 객관화된 평가가 가능하도록 하는 데 있었다는 점을 떠올려보라.[13]

직원들에 대한 요구가 창의성과 혁신으로 바뀐 지금도 우리는 여전히 관료적 직함, 유연성 없는 역할, 두려움과 탈개성화된 체계를 유지하고 있다. 기대, 자기표현, 창의성과는 한참 거리가 멀다. 서열화를 강제하는 수행평가 체계에서 리더들은 직원의 최소 절반에게 평균 이하 점수를 주어야만 한다. 탈개성화를 강조하는 관리법은 새로운 세대, 자기표현과 의미 있는 업무를 한층 중시하는 세대에게는 더더욱 먹히지 않는 접근이다.[14]

이 때문에 나는 직원들의 자기표현 무대를 자처하는 기업들이 크게 성공하게 될 것이라 믿는다. 기업이 제대로만 한다면 직장은 직원들이 원하는 장소가 될 것이다. 조직 내의 자기표현은 직원들의 탐색 시스템을 활성화시켜 최고의 강점을 직장에 쏟아부으려는 열정과 내적 동기부여를 낳는다(그림4 참고). 그렇다고 한 직장에서 영원히 일하겠다는 생각은 비현실적이다. 직원들은 자기 커리어를 '사다리보다는 정글짐과 비슷한 일련의 직무 여행'으로 바라볼 필요가 있다.[15] 반면 리더들이 직원들로 하여금 나름의 강점을 배우고 표현하고 실현하도록 도울 수 있다는 생각은 현실적이다. 이렇게 되면 직원들은 단시간 내에 삶을 더 충만하게 살면서 '이동성 있는 자신'을 발전시키게 된다. 미래의 고용주와 미래에 맡을 역할에서 더 많은 가치와 기여가 가능해진다는 뜻이다.

여기서 패배자가 될 사람은 아무도 없다.

그림 4 자기표현은 탐색 시스템을 활성화한다

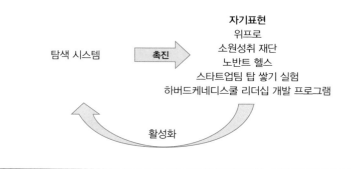

이를 위해 많은 것이 필요하지는 않다. 돈도 많이 들지 않는다. 새로운 마음가짐만 있으면 된다. 리더들은 직원들이 최고의 모습을 직장에서 표현하고 투사하고 사용하도록 도움으로써 직원들과 더 생산적이고 의미 있는 관계를 맺을 수 있고, 그러면서도 기존의 틀을 유지할 수 있다. 리더들은 조직의 연속성과 핵심 관심사를 보장할 필요가 있기 때문이다. 우리는 조직이 유연해지기를 바라지 취약해지기를 바라지 않는다. 그러니 절충안을 찾아야 한다.

이 장과 앞선 3장에서 살펴본 사례들은 절충안을 보여준다. 자기확신과 자기표현에 살짝 전략적 초점을 맞추기만 해도 직원들의 탐색 시스템이 점화되고 열정과 창의성이 생겨나는 모습을 볼 수 있었다. 조직의 번영을 돕는 방향으로 말이다.

고용주는 직원과 새로운 팀을 위해 최고의 자기 모습 보고서를 만들어야 한다. 그리고 직원들이 직무를 설계해 각자의 강점을 발휘하도록 해야 한다. 고용주가 먼저 자기표현적 직함을 만들 수도 있고 직원들부터 업무를 맞춤화하고 직함을 만들게 할 수도 있다. 리더들은 팀이 각 구성원의 고유한 특성을 털어놓고 공유하도록 독려하고 구성원들의 관점이 팀의 의사결정에 반영되도록 할 수 있다. 이렇게 하면 앞서 증명되었듯 직원들이 업무 환경의 표준 내에서 자아개념의 유의미한 부분을 살려나갈 수 있다.

이렇게 하지 못할 이유가 대체 무엇인가?

Alive
at work

Part 3

실험

5

상황이 안 좋을수록
놀이와 실험이 중요하다

호기심은 강력한 감정이다.
팀 구성원 모두가 호기심에 차 있다면
기존의 관습이나 소극적 태도에서 벗어나
새로운 방향으로 협력할 수 있다.

재미있게 논다는 느낌,
에너지가 가득한 느낌

────

12년이 흐른 만큼 오전 네 시 30분 기상에 익숙해졌을 법도 하지만 루이지는 새벽의 자명종 소리를 들을 때마다 한 방 얻어맞은 듯한 기분이 든다. 시간을 설정해둔 커피머신에서 풍겨 나오는 커피향에 억지로 몸을 일으켜 세운다. 부엌에서 커피 한 잔을 마시며 억지로 크루아상 하나를 입안에 욱여넣는다.

최근 공장은 분위기가 엉망이다. 몇 달 전 공장장인 알레산드로가 루이지를 비롯한 직원들에게 쿡탑과 세탁기의 생산 불량이 줄어들지 않으면 문을 닫게 될 것이라 협박했다. 제품 불량이 발생하면 비용이 늘어났다. 출고 전에 불량이 발견되면 시간을 들여 고쳐야 했다. 출고된 제품이라면 비용이 한층 늘어났다. 고객 불만이 생기고 값비싼 보증 절차가 진행되어야 했다.

공장장의 최후통첩 이후 루이지는 불안했다. 자기가 불량을 내서 공장이 문을 닫게 되는 상황은 결코 바라지 않았으므로 맡은 납땜 작업에 더욱 집중했다. 하지만 동료들 눈치도 봐야 했다. 루이지의 공정은 제대로 마치려면 빨라도 2분이 걸렸지만 바로 옆에서 먼저 작업하는 토머스의 일은 2분 미만으로 끝났다. 토머스가 끝내고 넘긴 것들이 쌓여갈

수록 루이지의 심장박동이 빨라졌다.

안타깝게도 루이지와 동료들의 노력은 효과를 발휘하지 못했다. 불량을 줄이라는 최후통첩에서 몇 개월이 흐른 후 공장장은 모든 직원을 한자리에 모이게 했다. 나쁜 소식이 분명했다. 루이지는 알레산드로의 눈빛만으로도 그걸 알 수 있었다. 알레산드로가 입을 열었다. 루이지의 라인에서 제조가 중단되며 해당 직원들은 교육을 받게 된다고 했다. 공장이 공정을 축약하고자 하므로 직원들은 새로운 작업을 익혀야 한다는 설명이었다.

직장을 잃는 것보다는 나았지만 그래도 나쁜 소식이었다. 직장 생활 내내 생산 과정의 작은 부분 하나만 담당해온 사람들이었다. 예를 들면 새시 본체에 구불거리는 장식을 붙이는 일만 하는 사람이 있고 전자 패널을 넣고 고정하는 일만 하는 사람도 있었다. 개별 직원들은 자신이 맡은 일만 신경을 써왔다. 갑자기 이 상황이 바뀐다니 걱정스럽고 불안할 뿐이었다.

교육 첫날이 되었다. 루이지는 뭘 하게 될지 감이 잡히지 않았다. 라인이 폐쇄되었으므로 현장 교육은 불가능했다. 알레산드로는 새로운 학습을 도와줄 사내 변화관리 전문가 로빈과 하드리안을 데려왔다. 두 전문가는 '압박 없는pull-not-push' 제조 공정 개념을 소개했다. 가능한 한 고품질의 부품을 많이 만들어 옆으로 전달하는 대신 옆에서 요청할 때에만 부품을 건네는 방식이었다. 루이지가 8년 동안 배우고 실행해온 방식과는 정반대였다.

전문가들은 레고를 사용해 작은 자동차를 조립하는 것으로 연습을 해보자고 했다. 루이지는 당황했다. 레고라고? 공정과 비슷한 면이 있긴 하지만 그래도 아이들 장난감이 아닌가?

팀은 과거의 방식대로 레고 자동차를 만들기 시작했다. 한 사람이 바퀴를 차체에 부착하면 다음 사람이 바퀴 위에 펜더를 달았고 다시 다음 사람이 문짝을 붙였다. 각자 가능한 한 많은 일을 해서 옆에 넘기려 노력했다.

익숙한 문제가 다시 발생했다. 시간이 많이 걸리는 단계 앞에서 앞사람의 작업 결과가 쌓였다. 반쯤 조립된 차가 결국 탁자에서 굴러떨어져 부서졌고 다시 처음부터 만들어야 했다.

그러자 로빈이 '압박 없는' 공정을 설계해보라고 했다. "옆 사람이 요청하기 전까지는 작업 결과물을 넘기지 마십시오."라고 말했다. 이에 따라 전체 과정과 신호의 흐름을 다시 생각해야 했다. 몇 가지 가능한 안이 만들어지자 로빈은 팀원들이 모여 아이디어를 제시하고 토론하게 했다. 가장 좋아 보이는 공정이 선택되었고 그 방식대로 작은 자동차를 만들기 시작했다. 새로운 조립 공정을 시도하고 몸에 익히는 데 한 시간이 걸렸다.

루이지는 시간이 날아가는 듯하다고 느꼈다. 새로운 공정이 완벽하게 마음에 들지는 않았지만 전문가들이 정보를 전달하려고만 하지 않는 것은 좋았다. 직원들이 직접 참여하고 오히려 전문가들에게 설명하는 방식이었던 것이다.

학습과 놀이가 차례로 이어지는 이 과정이 이틀 동안 네 차례 진행되었다. 매번 로빈과 하드리안이 새로운 개념을 소개했고 직원들은 그 개념대로 공정을 설계한 후 이를 레고 공장에 맞춰 조정하고 실행하면서 몸에 익혔다.

이틀이 지난 후 레고 자동차 생산 공정에는 놀라운 변화가 나타났다. 생산량이 늘어나면서도 불량은 줄었고 직원들의 스트레스가 낮아졌으며 재고도 적어졌다. 직원들은 열정을 보였고 근무시간이 어떻게 이토록 빨리 지나가는지 모르겠다며 놀라워했다. 공장의 미래에 어두운 구름이 드리워도 직원들은 웃고 농담하고 새로운 공정이 어떻게 진행될지 호기심을 보였다.

동시에 직원들은 재미있게 논다는 느낌, 에너지가 가득한 느낌을 받았다.

직원들의 불안감은
누구에게도 이롭지 않다

─────

감정신경과학 연구자인 제이슨 라이트Jason Wright 와 자크 판크세프에 따르면 인간의 탐색 시스템을 활성화하는 한 가지 방법이 놀이와 사회적 유대를 포함하는 '안전지대'를 만드는 것이라고 한다. 놀이는 탐색 시스템을 자극하고 활용하여 결국 부정적 감정 체계의 활동을 지연시키기 때문에 중요하다.[1] 판크세프와 공동 저자들은 "놀이는 감정적인 탄력성을 높이고 스트레스 경험의 부정적 결과를 경감시키며 긍정적 감정 표현 유형을 북돋는다."고 썼다.[2]

라이트와 판크세프의 연구 대상은 심리치료를 받는 환자들이었지만, 그 결과는 노동자들에게도 적용이 가능하다. 마음가짐과 행동을 바꾸게 하려면 부정적 감정을 줄이고 새로운 것을 실험하여 새로운 행동을 학습하도록 해야 한다. 다시 말해 틀 안에서 일정한 자유를 부여해야 하는 것이다.

상황이 부정적이고 위협적일 때 놀이와 실험이 가장 중요하다니, 직관과는 정반대되는 주장이 아닌가 싶을 것이다. 하지만 사내 변화관리 전문가 로빈은 루이지를 비롯한 공장 직원들에게서 그 효과가 분명히 나타났다고 설명했다. 위프로의 새로운 채용 방식이 그랬듯 교육받으러 온 직원들은 취약한 입장이었다. 공장 폐쇄라는 협박에 스트레스를 받았고 기존에 익숙하게 해오던 방식을 뒤집는 완전히 새로운 공정을 배워야 했으니 말이다. 벼랑 끝에 서 있다 해도 과언이 아니었다.

'안전지대'가 호기심과 탐구를 만든다

직원들의 불안감은 누구에게도 이롭지 않다. 학습이 필요한 상황이라면 더더욱 그렇다. 모두가 두려움을 느낀다면 2장에서 소개했던 고양이 털 실험과 같은 결과가 나온다. 직원들은 놀이를 덜 하고 새로운 정보도 덜 받아들일 것이다. 어떤 교육도 충분한 효과를 거두지 못하게 된다. 불량을 줄이기 위해 '배수진' 접근법을 취한 상황이 이를 잘 보여준다. 직원들은 직장을 잃을지도 모른다는 생각에 위기감을 갖고 일했지만 결과적으로 불량은 줄어들지 않았다. 공정이 문제였지 직원들의 동기가 문제가 아니었기 때문이다. 모두가 맡은 일을 더 집중해서 해냈지만 결함 있는 공정은 바뀌지 않고 그대로였던 것이다.

하지만 학습, 연습, 놀이를 위한 안전지대 조성에 투자함으로써 공장은 직원들의 탐색 시스템을 활성화시켰다. 전문가들은 실수해도 좋다고 말했다(어차피 출고할 쿡탑이 아닌 레고로 연습하는 상황이었다). 부정적 결과 없이 학습하고 실험하도록 허용된 것이다. 이 덕분에 팀의 탐색 시스템은 활발해지고 두려움은 축소되었다.

실험을 독려하는 안전지대는 또한 내적인 동기도 부여한다. 이는 창의성을 높이기 때문에 외적 동기부여보다 훨씬 강력하다. 일자리를 잃을지 모른다는 두려움 때문에 열심히 일하는(외적 동기부여) 대신 루이지와 동료들은 열정과 호기심의 힘(내적 동기부여)으로 움직였다. 이는 변화에 대한 태도도 바꾸어놓았다.[3] 처음에는 회의적이던 이들이 결국은 탐색과 실험을 확장해나가게 된 것이다.

호기심은 강력한 감정이다. 팀 구성원 모두가 호기심에 차 있다면 기존의 관습이나 소극적 태도에서 벗어나 새로운 방향으로 협력할 수 있다.

타고난, 혹은
훈련받은 호기심

———

3장에서 언급했던 창의성과 혁신에 대한 우리의 무의식적 편견을 기억하는가? 우리는 모두들 자신이 새로운 아이디어에 열려 있다고 생각하지만 실상은 변화와 새로운 아이디어에 저항하는 일이 많다. 교육을 많이 받은 사람도 마찬가지다.

예를 들어 하버드대학교의 에이미 에드먼슨 교수는 어째서 일부 의료팀이 심장절개 수술의 새로운 방법을 도입하지 않는지 연구했다. 더안전하고 고통이 덜하며 회복 기간도 짧은 수술법인데 말이다. 그 결과 갈비뼈 사이를 절개해 심장에 접근하는 새로운 기구 사용에 불안감을 느끼기 때문으로 나타났다.

섬세하고 어려운 수술에서 나름의 기법에 숙달된 의사들 입장에서는 새로운 방법 도입은 실패 확률 증가를 의미했다. 자신이 전 과정을 통제하지 못하고 간호팀에게 더 많이 의존해야 한다는 점도 마음을 불편하게 했다. 그리하여 새로운 수술법이 환자에게 더 좋은 것이었음에도 의사들은 최신 기술을 외면하며 과거의 방법을 지속했다. 에드먼슨은 이 상황의 교훈을 다음과 같이 정리했다.

새로운 방식이 첫 시도부터 '제대로 해내야만 하는 것'으로 여겨지지만 않는다면 누구든 그 과정에서 학습하여 결국에는 제대로 해낼 수 있다. 시행착오와 반성의 과정은 참여자들이 변화에 개방적일 때, 즉 대상을 다른 방식으로 관찰하거나 해석하고 정보를 수집할 때 가장 성공적이다. 하지만 이에 앞서 필요한 것은 타고난, 혹은 훈련받은 호기심이다.[4]

에드먼슨의 연구는 변화를 실험과 학습의 기회로 바꾸는 프레이밍이 탐색 시스템 활성화에 중요하다는 다른 연구들과 궤를 함께한다. 과제를 수행 상황으로 프레이밍하면 불안감이 생겨 위기를 회피하고 현상 유지를 꾀하게 된다. 반면 같은 과제를 학습 상황으로 프레이밍하는 경우 호기심이 촉발된다.[5] 수행 상황 프레임에서는 실험에 덜 참여하게 되어 학습도 덜 이루어진다. 서로 다른 상황에서 새로운 전략 수립 가능성이 줄어들고 과거에 써오던 비효율적 전략으로 물러서게 된다. 의료팀이 실제 환자를 만나기에 앞서 의사소통과 협력을 연습해야 하는 이유, 루이지와 동료들이 쿡탑 제조 공정이 아닌 레고 자동차 조립으로 새로운 행동을 학습했던 이유가 바로 여기에 있다.

놀이에서 생산으로
전환되는 순간

───────

'압박 없는' 제조 공정을 접해본 사람이라면 직원들이 고위층의 지지를 받지 못한다거나 노력이 존중받지 못한다고 느낄 경우 새로운 시도는 실패하고 만다는 점을 안다.[6] 좌절감이 분위기를 장악하면 압박 제거 노력은 사라진다. 하지만 관리자들은 제조팀에 대한 지지와 존중을 어떻게 탐색과 학습 활동의 유형으로 전환시켜야 할지 모른다. 직원들의 탐색 시스템에 불을 붙이고 실험과 발명의 마음을 불러일으키며 열정적으로 변화를 시도하게 할 방법을 알지 못한다. 직원들이 기대에 차서 변화 계획을 수립한다 해도 계획을 밀고 나갈 기회가 주어지지 않는다면 곧 맥이 빠지고 공정 개혁 시도 또한 사라지고 만다.[7]

그러므로 탐색 시스템이 일단 활성화된 후에는 리더들이 그 흐름에 동참하고 잠재력을 발휘하도록 하는 일이 중요하다. 루이지의 공장에서 전문가들이 했던 일이 바로 그것이다. 노동자들의 두뇌에서 샘솟는 도파민은 기분을 좋게 만들 뿐 아니라 학습 기회를 열어준다.[8] 학습한 것을 한층 더 밀고 나가려는 호기심이 생기는 것이다. 보니 나디와 동료 게이머들이 월드 오브 워크래프트 게임을 하면서 경험했던 것처럼 말이다.

이렇게 되면 노동자들은 자신이 학습한 것을 실제 생산에 적용해도 문제없다고 느끼게 된다. 레고 자동차 연습에서 익힌 단순화 제조 공정, 즉 결함을 없애고 업무 부하 균형을 가능케 하는 '압박 없는' 라인을 실제 생산에 도입할 준비를 갖춘 것도 마찬가지다. 이는 불안해하고 주저하는 직원들에게 컨설턴트가 설계한 변화를 내려보내 변화를 이루라고 요구만 하는 여타 시도들과는 꽤 대조적이다.

두 전문가와 조립팀은 알레산드로 공장장과 만나 한 주 동안의 성과를 발표했다. 공장에 어떤 변화가 필요한지 말하는 조립팀은 열정에 차 있었다. 관리자인 알레산드로가 듣는 입장이 되고 직원들이 공정 개선을 요구하는 입장이 되어본 것은 처음이었다. 직원들이 아이디어를 실현하고 싶어 한다는 점은 분명했다.

적극적으로 교육에 참여하여 탐색 시스템이 활성화되었기 때문에 직원들은 여러 창의적 해결책과 아이디어를 내놓을 수 있었다. 이들은 로빈과 하드리안, 두 전문가의 도움을 받아 작업 과정을 돌이켜보고 공간을 설계했으며 서로 다른 단계에서 책임져야 하는 사람도 조정했다. 종일 작업한 결과를 옆에 쌓아두는 것이 아니라 각 생산 라인 주변을 도는 수레에 담으면 된다는 새로운 제안까지 나왔다.

교육이 끝났을 때에도 직원들은 계획 수립을 이어갈 의지에 차 있었다. 많은 이들이 토요일에도 출근해 계획을 최종적으로 다듬었다. 이탈리아의 공장 노조에서는 처음이나 다름없는 일이었다.

안전지대 속에서 주인의식을 갖고 실험하기

　월요일에 각 팀은 알레산드로 공장장에게 계획을 제출했다. 완벽하지는 않았지만 실현 가능성은 충분했다. 알레산드로는 아이디어뿐 아니라 발표하는 팀의 열정, 목소리에서 묻어 나오는 주인의식에 감동했다. 그는 "정말 대단합니다. 한번 해봅시다. 전체 계획을 엔지니어링팀에 넘겨 가능한 한 빨리 설비를 조정하도록 하겠습니다."라고 말했다. 하지만 로빈과 하드리안은 조립 라인 노동자들이 직접 설비 조정을 하도록 해달라고 요청했다.

　이는 문화적 규범에 정면으로 어긋나는 일이었다. 시설 면에서 작업 과정을 바꾸려면 엔지니어링팀이 관여해 설비를 조정해왔기 때문이다. 예를 들어 라인을 따라 도는 '부품 수레'에만도 몇 개월이 소요될 수 있었다. 엔지니어링팀이 설계해서 통과된 후 공급 업체와 계약하고 납품을 기다려야 했기 때문이다. 최소 두 달은 예전의 생산 방식을 유지해야 한다는 뜻이고, 이는 생산팀 입장에서는 전혀 반갑지 않은 소식이었다. 그 모든 실험과 학습을 거친 후에는 더욱 그러했다.

　로빈도 동의했다. "2주 안에 어떤 결과가 나올지 한번 보는 겁니다. 수레란 결국 바퀴 달린 판 아닌가요? 엔지니어 빼고 그냥 바퀴 몇 개 구해 수레를 만들어봅시다(결국은 인근 슈퍼마켓의 쇼핑 수레를 사용하기로 했다). 대기 부품을 놓을 공간만 확보하면 되니까요." 생산 노동자들이 나름의 비전을 현실로 만드는 데 일주일이 소요되었고 결국 실제 테스트 기간은 얼마 남지 않게 되었다.

이 기간 동안 생산팀이 제품을 만들지는 않았다는 점을 언급해두고자 한다. 다른 두 라인이 가동 중이긴 했지만 공장의 리더들은 직원들이 지식을 얻은 뒤 기대감을 갖고 새로운 공정에 헌신하도록 만드는 데 큰 투자를 했다. 로빈의 말을 들어보자.

전환 작업을 하는 데 두 가지 중요한 요소가 있었습니다. 어떻게 되어야 할지 주인의식을 갖고 계획하도록 만드는 것, 그리고 시도하고 시험하고 실패할 수 있는 안전지대를 만들어주는 것이었습니다. 팀이 계획을 수립한 후 실행해볼 시간이 겨우 2주밖에 남지 않게 된 것도 그 때문이었죠. 물론 2주 만에 완벽해질 수는 없습니다. 하지만 완벽해야만 할 이유는 없습니다. 저희는 "2주 동안 무언가 해보면 됩니다."라는 말로 실패의 여지를 많이 만들어주었습니다. 저는 "완벽할 수는 없다는 걸 알지만 계획은 훌륭합니다. 그러니 실험을 해봅시다."라고도 했죠. 하드리안이 "오늘 선반 조립을 해주실 분이 있을까요?"라고 물으면 두 사람이 서너 시간을 들여 필요한 선반을 만들곤 했습니다.

로빈은 또 이렇게도 말했다.

변화에 필요한 비용이 외부에 의뢰하는 것만큼 값비싸지 않다는 사실 덕분에 모두들 실험에 더 편한 마음으로 접근했습니다. 늘 하던 공장 작업이라기보다는 레고 실험과 더 가깝게 여겨진 거죠.

2주 동안 루이지를 비롯한 생산팀은 압박 없는 제조 공정을 직접 만들어냈다. 그리고 이를 실험하면서 제대로 될 때까지 조정했다. 조립 라인은 완전히 새롭게 조직되었고 직원들은 지난 몇 년, 혹은 몇 십 년 동안과 비교해 훨씬 에너지가 넘쳤다. 임시적으로 조정된 부분과 즉석으로 고안된 장비가 많아 겉으로 보기에는 약간 괴기스럽기도 했지만 성능은 충분히 훌륭했다. 안 그랬다면 로빈과 하드리안은 비난을 면치 못했을 것이었다.

애플이나 아마존이 아니어도
설레는 직장

———

직원의 열정과 기대를 창출하는 문제에 대해 리더들과 이야기를 나눠보면 지루한 산업, 혹은 직원들이 해야만 하는 지루한 작업을 언급하며 어쩔 수 없는 문제라고 말하는 이들이 많다. "애플이나 아마존 같은 창의적인 분야라면 설레는 직장을 만드는 게 쉬울 겁니다. 하지만 우리는 보험 관련 고객 클레임을 처리하고 있어요. 설렘이나 기대가 불가능한 분야랍니다."라고 말하는 리더도 있었다.

그러나 탐색 시스템은 산업 분야를 가리지 않기 때문에 희망적이다. 세탁기를 만들든, 보험을 판매하든 직원들은 학습된 무력감에 빠질 수 있다. 탐색 시스템은 그런 직원들이 행동의 원인과 결과를 다시 생각하도록, 문제 해결의 새로운 방향을 실험하도록 자극한다. 도파민은 언제든 분출될 수 있는 대기 상태에 있다. 부정적 감정은 머지않아 밀려날 것이다.

탐색 시스템이 만든 열정은 상황에 휘둘리지 않는다

나는 동일한 제품을 만드는 동일한 작업이라 해도 탐색 시스템이 활성화되면 열중할 수 있는 일이 된다는 점, 호기심을 갖고 새로운 무언가를 시도할 기회가 생긴다는 점에 희망과 기대를 갖게 되었다. 자기 일을 그저 지루한 것으로만 바라보던 직원들이 어느 순간 태도와 행동을 바꾼다. 활성화된 탐색 시스템은 무엇을 만드느냐가 아니라 어떻게 왜 만드느냐와 관련되기 때문이다. 일단 도파민이 배출되면 직원들은 자기 일에 더 큰 열정을 보이고 헌신하게 된다.

예를 들어 루이지의 백색가전 공장에서 자신들이 고안한 새로운 작업 과정으로 제품을 생산하기 시작하자 노동조합은 이를 반대하고 나섰다. 분노한 노조 지도자 네 사람이 알레산드로의 사무실에 쳐들어와 "말도 안 되는 처사입니다. 이런 일은 불가능합니다. 첫째, 교대 근무제를 바꿀 수는 없습니다. 이미 계약된 사항이니까요. 둘째, 두 업무를 결합할 수 없습니다. 급여 기준이 서로 다르게 협의되어 있으니까요."라고 외친 것이다.

바뀐 공정이 유지될 수 있었던 것은 순전히 직원들의 열정과 헌신 덕분이었다. 노조 지도자들이 생산팀에게 원상회복을 요구했을 때 직원들은 반발했다. "이건 우리의 계획입니다. 어째서 막는 거죠?" 노조 지도자들은 그 모든 계획이 결국 일자리를 빼앗기 위한 속임수라고 말했다. 직원들은 어리둥절해서 "대체 당신들은 누구를 대표하는 겁니까?

우리는 새로운 시도를 해보고 싶습니다."라고 말했다. 결국 직원들의 열정을 확인한 노조가 6개월 동안 새로운 방식을 해보는 데 동의했다. 이는 노동자들이 자신들의 노조와 합의를 해야 했던 최초의 상황이었다.

그리고 불과 3개월 만에 루이지가 속한 생산 라인의 내부 불량은 30퍼센트나 줄었고 생산성은 25퍼센트 높아졌으며 재고는 90퍼센트 이상 줄어들었다. 같은 공장 내 다른 라인의 불량률이나 재고율은 변함이 없었다.

이 장에서 우리는 리더들이 직원에게 새로운 기술을 학습하게 하고 조직이 생존하게끔 돕도록 하는 것이 얼마나 중요한지 보았다. 두려움 시스템을 바탕으로 한, 해고를 무기로 삼는 접근에서는 직원들의 집중도가 높아지기는 하지만 창의성, 헌신, 학습이 방해받는다. 놀이와 실험을 통해 탐색 시스템을 활성화하는 것은 변화하는 환경에서 조직이 적응하고 번성하도록 하기 위해 리더들이 반드시 갖춰야 할 능력이다.

6장에서는 여러 문화권에서 리더들이 직원의 탐색 시스템에 불을 붙이기 위해 어떻게 접근했는지, 그리하여 어떻게 새로운 제품과 서비스가 등장하도록 했는지 살펴보겠다. 제대로 균형을 잡기 위해 어떻게 '실험으로 실험'할 수 있는지, 이것이 학습의 마음가짐에 어째서 중요한지도 보게 될 것이다.

6

딱 알맞은 자유와 창의성이
실패를 줄인다

자유와 틀 사이의 긴장감은 양방향으로 매우 실제적이다.

대부분의 대기업은 틀이 너무 강력하고

자유는 너무 적은 극단에 위치한 상태지만 20퍼센트는 너무 큰 자유다.

틀이 강철 감옥이 되지 않을 정도의 충분한 자유,

직원들이 실험하고 학습할 수 있다고 느낄 만한 자유가 필요하다.

지금까지 느껴보지 못한
열정과 설렘의 시작

———

레오폴드는 벌써 열한 시 반이라는 걸 믿을 수 없었다. 한밤중이었다. 그가 속한 팀은 벌써 열 시간째 화장실 가는 시간만 빼고는 휴식 없이 프로그래밍에 매달려 있었다. 얼마 전에 새롭게 결성된 팀이었다. 최근 몇 년 동안 한 번도 경험해본 적 없는 재미가 느껴졌고 아이디어를 발전시키는 과정은 믿기 어려울 만큼 흥미진진했다. 지금까지는 목요일 밤이면 늘 친구들과 부다페스트의 술집을 돌아다니며 흥청거리곤 했다. 그러나 지금 팀이 만드는 아이폰 애플리케이션이 막 작동을 시작할 상황이었고 레오폴드는 프로토타입이 만들어질 때까지 프로그래밍 작업을 계속하고 싶었다.

하루가 채 끝나기도 전에 설계부터 프로토타입까지 순식간에 진행되게 만든 것은 바로 설렘이었다. 세 사람으로 구성된 팀은 직접 설계한 프로젝트에 완전히 몰두하는 상황이 퍽 만족스러웠다. 이전까지는 네다섯 가지 골칫거리 문제들이 등장할 때마다 휴식 시간을 갖곤 했다. 그 문제들은 설계 측면이 아니었고 다음 단계로 진전하기까지 많은 시간이 걸리곤 했다.

시장조사 기업 딜로직 Dealogic 직원으로 개발자, 설계자, 테스트 전문가로 구성된 엔지니어링팀의 일원이 된 레오폴드는 고객들이 거래를 할 수 있도록 하는 코드를 만들고 테스트하는 일을 담당했다. 전 세계를 무대로 활동하는 이 기업은 몇 억 달러가 오가는 상황에서 완벽함을 구현해야 한다는 도전을 받고 있었다. 레오폴드의 일상 업무는 이미 성능을 인정받은 소프트웨어를 업데이트하고 부분적으로 개선하는 등 상대적으로 단조로운 코딩 작업이었다. 새로운 문제를 해결하는 새로운 프로그램을 만드는 것이 아니었다.

하루짜리 새로운 프로젝트를 공모한다는 관리자의 이메일을 받은 레오폴드는 처음에는 미심쩍어했다. 다른 업무를 모두 제쳐두고 원하는 개인 프로젝트를 진행하면서 팀원들과 함께 협력하게 되는 프로젝트라고 했다. 그는 '정말? 그런데 24시간 동안 뭘 얼마나 할 수 있을까?'라는 생각이 들었다. 게다가 24시간의 많은 부분은 수면과 식사로 쓰일 것이 아닌가.

하지만 늘 해보고 싶었던 아이디어를 하나의 프로젝트로 구체화하기 시작하자 스스로의 변화가 느껴졌다. 레오폴드가 구상한 것은 AI를 활용해 인터넷을 스캔하여 뉴스에 자주 등장하는 기업을 자동으로 알려주는 애플리케이션이었다. 필요한 기술을 보유한 다른 프로그래머들과 이야기를 나눠보자 다들 큰 관심을 보였고 갑자기 아이디어가 진전될 가능성이 보였다. 아마도 다른 식으로는 절대 이런 진전을 이루지 못했을 것이었다.

그리고 이제 모두 함께 과업에 매달려 보내게 된 그 하루가 레오폴드의 급조된 팀에게는 전과 아주 다르게 느껴졌다. 열정적으로 일에 매달리는 것, 애써 헤쳐나가는 것이 아니라 저절로 끌고 갈 수 있는 방식이 만족스러웠다.

창의성에 불을 붙이는
'창의적 자본' 프로젝트

소규모 스타트업으로 시작된 딜로직이 전 세계적인 기업으로 성장하게 되면서 최고운영책임자 토비 해던Toby Haddon은 기업 문화의 균열을 인식하기 시작했다. 딜로직 서비스에 대한 수요는 지난 20년 동안 급격히 커졌다. 성장 상황에서 품질을 유지하기 위해 관리자들은 양적 수행 지표를 포함해 내부 업무 절차를 정교화했다.

최고운영책임자 입장에서는 절차 정교화가 반가울 것이다. 하지만 2장에서 설명했듯 이는 장기적으로 문제가 될 수 있다. 내적 동기부여를 외적 동기부여로 대체하기 때문이다. 성과 지표와 여기 맞춰진 승진 체계는 두려움 시스템이 탐색 시스템을 압도하게 하여 창의성과 열정을 저하시킨다.[1] 외적 보상은 내적 활기를 몰아내버린다.

딜로직에서도 이런 일이 벌어지고 있었다. 해던은 분위기가 침체된다는 것을 느꼈다. 매일 하는 일에 설렘을 느끼는 직원이 점점 줄어들었다. 수행 측정에 대한 불안이 커질수록 직원의 열정은 사라졌다. 프로그래머들은 멋진 프로그래밍 작업을 즐기기보다 보너스를 받을 수 있을지 여부에 집중했다. 직원들은 새로운 멋진 것을 어떻게 만들지, 새로운 언어와 접근법을 어떻게 익힐지 생각하기보다 실적 목표치 달성에 매달렸다.

해던은 부다페스트와 런던의 최고 개발자와 설계자들 일부가 지루함을 느끼고 업무에서 마음이 떠버리는 모습을 보게 되었다. 감정적으로 무심해지는 것을 넘어서 새로운 배움이 가능한 흥미로운 일자리로 옮겨 가려는 시도까지 나타났다. 이미 아는 것을 활용하는 데 그치는 일을 원치 않았던 것이다. 이들은 학습된 무력감, 신체적 건강에도 나쁜 그 상태와 맞서 싸우고자 했다. 그들 정도의 경험과 재능을 지닌 프로그래머들에게는 갈 수 있는 일자리도 아주 많았다. 해던은 이들 우수 인력을 뽑아 오는 옛 전쟁에서는 승리했지만 인력 유지라는 새로운 전쟁에서는 지고 있었다. 탐색 시스템이 활성 상태를 유지하도록 하지 못한 탓이었다.

수행 결과나 수치에 집중하는 것이 뭐가 나쁜지 납득하지 못하는 이들도 있다. 토비 해던이 맞닥뜨린 상황은 에이미 에드먼슨이 새로운 심장절개 수술법을 꺼리는 의료팀에게서 본 것과 동일했다. 유연성과 혁신이 필요할 때는 수행 결과(목표 달성, 경쟁력 입증 등)보다 학습 목표(새로운 기술 발전, 상황 적응 등)를 중심으로 한 프레임이 낫다.

신제품이 출시되었을 때 세일즈맨들을 대상으로 설문조사를 실시한 돈 밴더월 Don Vandewalle과 동료들의 연구에서도 같은 결과가 나왔다. 질문지는 두 종류로, 하나는 학습 목표와 관련되었고(예를 들어 '더 나은 세일즈맨이 되는 법을 공부하는 것은 내게 매우 중요하다'와 같은 질문) 다른 하나는 목표 달성에 치중되어 있었다(예를 들어 '나는 어떻게 하면 동료들보다 높은 실적을 올릴지 생각하는 데 많은 시간을 보낸다' 같은 질문). 제품 홍보가 끝난 후 연구자들은 각 세일즈맨별로 판매 개수를 집계했다. 학습에 목표를 둔 세일즈맨들이 훨씬 많은 판매 실적을 올렸다는 결과가 나왔다. 더 나아가 세일즈맨의 마음가짐을 보면 판매 실적을 11퍼센트 정도 예측할 수 있었다.[2]

밴더월, 그리고 에드먼슨의 연구 결과와 맥을 같이하는 연구들이 지난 20년 동안 대거 진행되었다.[3] 간단히 정리하면 이렇다. 학습이라는 목표는 혁신의 중요성이 강조되는 변화 상황에서 수행을 높이는 데 특히 효과적이다. 이는 최종 결과에 신경 쓰기보다 호기심을 동원해 새로운 전략을 발견하도록 하기 때문이다.

회사 전체에 열정이 퍼지다

딜로직 직원들의 탐색 시스템을 활성화하고 학습하려는 마음가짐을 독려하기 위해 해던과 나는 3M의 부틀렉 타임 bootleg time 및 아틀라시안 Atlassian의 쉽잇 ShipIt 프로그램 개념을 빌려왔다.[4] 이들 프로그램은 직원들이 나름의 관심사와 프로젝트를 실험할 수 있는 자유 시간을 부여하는 것으로 구글의 '20퍼센트 시간'과 유사하다.

딜로직에서 우리는 런던과 부다페스트의 엔지니어 40명에게 무엇이든 원하는 것을 원하는 사람과 함께 작업할 수 있도록 24시간을 주었다. 영역 간 협력, 예를 들어 엔지니어와 소프트웨어 설계자가 팀을 이루는 방식을 권장했다(강요는 하지 않았다). 유일한 조건은 딜로직의 업무 분야 및 축적된 노하우와 연관성이 있어야 한다는 것이었다. 기술 전문이 아닌 사람도 참여 가능했으므로 결과물이 코드 형태여야 한다는 요구는 없었다. 24시간이 지난 후 모든 프로젝트팀(때로는 단독으로 작업한 개인이기도 했다)이 함께 모여 각자 무엇을 실험하고 거기에서 무엇을 배웠는지 발표하고 공유했다. 그 자리에는 최고경영자, 최고운영책임자도 참석했다.

행사일인 수요일까지 각 팀은 추진하고 싶은 아이디어를 제출했다. 계획안은 짤막했지만 팀원이 누구인지, 큰 주제가 무엇이고 실험의 범위가 어떻게 되는지 구체적으로 명시되었다. 프로젝트는 목요일 오후 두 시부터 시작되었다. 그동안 사무실 공간은 내내 개방되었고 야근하는 사람을 위해 목요일 저녁에 음식과 음료가 제공되었다. 프로젝트 작업은 금요일 오후 두 시에 끝나고 남은 오후 시간에는 프로젝트별 발표가 있었다.

사내에서 이 행사 진행을 도운 안토니 트라프 Antony Trapp 는 다음과 같이 설명했다.

사람들은 들떠 보였다. 40명이 넘는 사람들 중에서 불참하기로 한 것은 세 명뿐이었다. 금요일 오후 마감 시간이 다가오자 팀작업 공간은 정신없는 분위기였다. 일부 프레젠테이션은 아주 재미있고 날

카로워서 발표장을 긍정적인 에너지로 채웠다. 모든 프로젝트가 박수를 받았다. 다들 노력이 인정받는다는 느낌을 받았을 것이다. 프로그래머가 아닌 직원들은 발표회 직전에 찾아와 다음번에는 자신들도 끼고 싶다고 했다. 회사 전체에 열정이 퍼지는 듯했다.

　이 프로젝트에는 '창의적 자본creative capital'이라는 명칭이 붙었는데 이는 결과가 마음에 들면 관리팀에서 투자할 수 있다는 점을 고려한 것이다. 투자는 돈이 아닌 시간이었다. 프로젝트의 40퍼센트가 추가적 시간을 얻었고 그 다음 주에는 한층 더 진전될 수 있었다. 예를 들어 고객 전화로 뉴스 통지를 해주는 시스템을 만든 레오폴드 팀은 이미 일부 기능을 현실화했다. 애플리케이션까지 제작하도록 2주를 더 받은 것이다. 팀원들은 전력을 다한 끝에 2주 후 세 종류 플랫폼에서 작동하는 완벽한 애플리케이션을 완성했고 보안 문제도 해결했다. 이런 시간 투자는 팀의 학습 실험이 '진짜 업무'까지 될 수 있다는 의미였다. 달리 말하면 나름의 혁신을 추구하는 대가를 받은 것이다.

　또 다른 팀은 테스트 시스템의 상태를 보여주는 웹사이트 버전을 새로 만들었는데 더욱 신속하게 진행되어 행사 다음 월요일에 이미 작동을 시작했다. 행사 다음 주 수요일에는 또 다른 프로젝트(스마트 검색 관련)도 현실화되었다. 추가 개발이 필요한 좋은 아이디어는 모두 마찬가지였다. 관리자들은 잠재력 있는 아이디어에 대해서는 매주 반나절을 할애하도록 해주었다.

행사 이후 직원들은 익명 설문조사에 응했다. 개방형 답변은 매우 긍정적이었다. 몇몇 답변에서는 실험으로 활성화된 열정이 드러났다. "회색 근무일에서 벗어나게 해준 멋진 경험이다.", "그냥 일을 하는 게 아니라 생각을 시작하도록 했다.", "회사가 직원 개인의 아이디어를 존중한다는 것이 좋다. 앞으로도 계속되기를 바란다."와 같은 답변들이 그러했다. 몇 주 뒤 트라프는 "모든 팀의 분위기가 좋아졌습니다. 직원들이 서로 더 정기적, 긍정적으로 상호작용을 하는 모습이 나타납니다."라고 내게 말했다.

직원들이 새로운 아이디어를 실험하고 탐색하도록 독려함으로써 딜로직은 탐색 시스템을 활성화했고 열정과 내적 동기부여를 얻었다. 결과는 더 큰 탐색과 창의력, 이를 바탕으로 한 새로운 아이디어였다. 해던은 "이들 실험에서 나온 아이디어가 연구 개발 부서에서 나온 것보다 훨씬 더 좋습니다."라고 말했다. 트라프는 '창의적 자본' 프로젝트를 지켜본 소감을 이렇게 정리했다. "24시간 내에 어떤 성취가 나올 수 있는지 이제 모두들 알게 되었습니다. 우리는 때로 기본을 잊어버립니다. 창조 작업의 핵심에만 초점을 맞춰야 한다는 걸 말입니다. 그럼 직원들이 이뤄낸 것을 보면서 '24시간 내에 이걸 할 수 있다면 다른 걸 하지 못할 이유가 무엇이람? 우리는 이보다 더 훌륭해.'라고 말하게 될 겁니다. 우리 모두가 동기를 부여받게 되었습니다."

몇몇 새로운 아이디어와 제품은 물론 위대한 결과로 여겨질 만했다. 하지만 더 광범위하게 중요한 것은 딜로직의 실험이 혁신 문화가 반드시 필요한 이유를 보여주었다는 데 있다. 창의적이고 동기부여가 높은 이들을 채용하는 것만으로는 부족하다. 그건 인재를 선발하기 위한 과거의 전쟁이다. 리더인 당신은 거기서 더 나아가 직원들의 탐색 시스템을 활성화해 내적 동기부여와 창의성에 불을 붙여야 한다.

모멘텀을
유지하기 위한 조건

———

'창의적 자본' 프로젝트 같은 시도는 직원들에게 힘을 부여하고 창의성을 극대화하는 훌륭한 방법이다. 이는 혁신 문화를 만드는 데 도움을 줄 수 있다. 리더들이 실험과 학습을 모델링하기 때문이다. 딜로직에서 토비 해던과 안토니 트라프는 새로운 시도를 하고자 했다. 정확히 어떤 방향으로 어떻게 움직일지 모르면서도 말이다. 이 불확실성과 실험 기회는 즉각 기대감을 만들었다. 시도가 어떤 결과를 가져올지 명확히 아는 경우 나타나기 어려운 기대감이었다.

하지만 솔직히 말해 이 모멘텀을 유지하기는 어렵다. 딜로직에서 그 점을 깨달을 수 있었다. 첫 행사가 성공한 후 리더들은 '판을 키우기로' 하고 매년 네 차례씩 프로젝트를 주최했다. 당연해 보이는 조치였다. 하지만 열정은 점점 사라졌다. 첫 행사의 우승자였던 이르판 이크람 Irfan Ikram 은 내게 "서너 번 행사가 지난 후부터 많은 직원들이 관심을 잃었습니다. 프로젝트가 실현되기 어렵다는 점, 또 분기마다 아이디어가 솟아나지는 않는다는 점 등이 이유였죠."라고 말했다.

결국 행사는 또 다른 비즈니스 과정으로 전락했다. 직원들은 '강요된 자유'에 지루함을 느꼈다. 참여자 수는 계속 줄어들었다.

여기서 얻을 수 있는 교훈이자 도전은 억지로는 안 된다는 것이다. 기획할 수는 있으나 동시에 스스로 움직이도록 해야 한다. 제대로 균형을 찾으려면 시행착오가 필요하다.

'실험' 또한 계속 실험해야 한다

문제를 해결하기 위해 딜로직 관리팀은 프로젝트를 특정 제품 혁신과 연결시키고자 했다. 역설적이게도 이 시도는 직원들의 관심을 한층 더 떨어뜨린 실패작이 되었다. 이크람의 말을 들어보자.

몇 가지 비즈니스 문제를 제기하고 참여자들이 하나를 고르거나 생산팀 직원과 협력하도록 했습니다. 모두가 아이디어를 내야 한다는 부담과 제품과 관련된 아이디어의 현실화 가능성이 더 크다는 점을 고려한 결정이었죠(현실화와 관련해 불만이 많은 상황이었습니다). 하지만 완전한 실패였습니다. 너무 경직된 행사라는 비판이 쏟아졌고 참여했던 소수의 직원들마저 곧 마음을 바꿨지요. 사람들은 선택의 자유를 원했던 겁니다.

런던과 부다페스트의 직원들과 직접 만나본 후 이크람은 창의적 자본이 가장 잘 작동할 방법을 찾아냈다. 최소한 이 책을 쓰는 시점에는 그러했다. 현재 창의적 자본 행사는 각 지사에서 최고의 참여율을 보이며 진행된다. 예를 들어 뉴욕에서는 최근 행사에 직전 행사보다 30퍼센트가 더 참여하는 상황이 이어지고 있다. 핵심적으로 조정된 상황은 다음과 같다.

빈도

행사는 이제 한 해에 두 번 진행되어 직원들에게 다음번 행사를 위한 아이디어 도출 시간을 충분히 부여한다(기술 업계에서 1년은 너무 긴 시간임을 감안한 것이다).

지역적 초점

딜로직은 각 지역 행사 주관팀을 신설했고 지역별 행사 시기를 다르게 하여 주관팀이 한 번에 한 지역에만 집중하도록 했다.

심사 위원회

심사 과정이 투명하지 않다는 지적을 받아들여 딜로직은 명료한 기준을 설정하고 5인으로 구성된 심사 위원회를 만들었다.

시상

내적 동기부여가 목표이긴 하지만 최고팀 하나만 시상하는 것보다 세 팀에게 50파운드 상당의 상품권을 시상했을 때 더 효과가 좋았다.

이 외에도 리더십팀은 성공적 행사를 위해 여러 요소를 도입했다. 그리하여 지금은 열띤 호응 속에 행사가 진행되고 있다. 하지만 앞으로도 실험을 독려하기 위한 여러 실험이 필요할 것이다.

어떻게 게임의 규칙을
바꿀 것인가

딜로직의 '창의적 자본' 프로젝트는 셸 석유 Shell Oil 가 시도한 포괄적 프로그램의 축약판이다.[5] 매출 1000억 달러 이상, 직원 수 10만 명 이상, 100년 가까운 역사를 지닌 셸 석유는 기업가의 열정을 기대할 만한 유형의 조직이 아니다. 한 직원은 셸 석유를 높이 30미터의 벽돌담으로 만든 미로에 비유하기도 했다. 자본에 대한 접근은 엄격히 통제되고 투자 장벽이 어마어마하며 혁신적 아이디어는 사장되거나 극도로 천천히 진행되는 곳이다.[6]

기술 연구 서비스팀을 이끄는 팀 워런 Tim Warren 은 셸 석유 탐사 비즈니스의 기술적 면을 혁신하고자 했다. 새롭고 혁신적인 아이디어를 이끌어내기 위해 팀은 직원들이 정규 업무 범위를 벗어나 시간을 쓰도록 하는 부틀렉 프로젝트 bootleg projects 와 비선형적 아이디어 nonlinear ideas 를 도입했다. 결과는 기대 이하였다. 거의 모든 직원들이 예측 가능한 한정된 유형의 작업을 했던 것이다. 정규 과업을 달성하고 실적 기준을 맞추는 데 모든 시간과 에너지를 써야 하는 상황이었으므로 놀라운 일은 아니었다.

게임체인저, 판을 바꾸는 직원들

워런은 직원들로 작은 위원회를 구성해 2000만 달러 지출 권한을 주고 게임 규칙을 뒤바꾸는 아이디어를 내도록 했다. '게임체인저 gamechanger'라 이름 붙은 이 새로운 프로그램은 아이디어가 회사 특정 부서가 아닌 어느 곳에서든 나올 수 있다는 기본 가정에서 출발했다. 워런은 게임을 바꿔놓을 눈사태, 혁명적 아이디어를 기다렸다. 하지만 눈사태가 아닌 시냇물 수준에 불과했다. 2000만 달러의 거액도 직원들을 학습된 무력감에서 끌어내지 못했다는 것은 직원들이 탐색에서 얼마나 차단되어 있었는지를 잘 보여주었다.

워런은 포기하지 않았다. 컨설팅 회사의 도움을 받아 사흘짜리 아이디어 랩을 설치했다. 기업인을 꿈꾸는 72명이 참여했다. 기업가적 성향을 지니고 있으리라고는 전혀 예상하지 못했던 이들이 대부분이었다. 참여자들은 외부 환경의 파괴적 변화(셸 석유가 속한 산업의 안팎 모두를 포괄한 변화였다)에 초점을 맞추고 발견의 과정을 거쳤다. 그 파괴적 변화 상황에서 셸 석유가 어떻게 게임의 규칙을 뒤집어 버텨낼 수 있을지가 과제였다.

아이디어 랩 참여자들은 열정적인 모습을 보였다. 감정은 전염되는 법이어서 참여하지 않은 사람들도 그 열정에 호기심을 나타냈다. 많은 이들이 랩 상황을 확인하고 싶어 했고 결국에는 '몰려드는 불청객을 막기 위해 회의실 문을 걸어 잠가야' 했다.[7]

이틀째에 새로운 아이디어 240개가 나왔다. 완전히 새로운 비즈니스를 고안하기도 했고, 기존 비즈니스에 새로이 접근하기도 했다. '창의적 자본' 프로젝트에서 그랬듯 잠재적 비즈니스 개념은 일종의 오픈 마켓으로 공개되었다. 셸 석유에서는 조직의 리더들이 아닌 아이디어 랩의 다른 참여자들이 직접 아이디어 고안자에게 시간을 투자했다. 끌리는 아이디어 하나에 반응한 것이다. 이러한 직접 선택 방식은 효과가 있었다. 결국에는 특정 개념에 마음이 끌린 서너 명이 소그룹을 만들게 되었다.

직원들의 아이디어를 현실화시켜라

하지만 나중에 소개할 구글 사례에서처럼 너무 많은 자유, 너무 많은 새로운 아이디어는 문제를 낳을 수 있다. 새로운 아이디어는 미완으로 시들어버리지 않고 현실화될 길을 찾아야 한다. 팀 워런과 동료들은 셸 석유 안에 혁신 공간을 만들고자 열심히 노력했고 결국 이뤄낼 수 있었다. 직원들이 이룬 그룹의 탐색 시스템이 활성화되었고 기대감을 불러일으키는 무언가를 실험할 준비도 마친 것이다. 하지만 다음에 무엇을 해야 하는지는 분명하지 않았다. 워런은 '혁신에 대한 허가'가 필요하다는 점을 분명히 인식했지만 충분하지 않았다. 다음으로 필요한 일은 직원들의 유망한 아이디어를 비즈니스 계획 단계를 통해 구체화하는 과정이었다.

이 목표 달성을 위해 실행 랩이 설치되었다. 직원들이 아이디어를 설득력 있는 벤처 계획으로 발전시켜 새로운 비즈니스가 출범하도록 돕는 5일간의 집중 과정이었다. 이를 위해 헤이그의 셸 석유 본사를 벗어나 벨기에 마스트리히트의 14세기 성에 장소가 마련되었다. 워런과 동료들은 영상 회의, 영상 제작 기술, 그래픽 아티스트, 영상 전문가, 벤처 캐피털 전문가, 기업인, 마케팅 전문가를 한자리에 모았다. 혁신을 위한 근거지에 대규모 투자가 이루어진 것이다. 새로운 벤처를 유도하고 키워내기 위한 집중적이고 풍요로운 환경이 마련되었다. 셸 석유 직원들은 아이디어의 경계를 어떻게 그어야 할지, 파트너십을 어떻게 정하고 아이디어의 경쟁우위를 결정할지, 금전적 측면을 어떻게 추산해야 할지 배웠다. 100일 실행 계획 작성 훈련도 받았다. 저비용 저위험의 시제품 개발하기, 시장에서 아이디어 테스트하기 등 신속한 학습을 위한 방법이었다. 5장에서 살펴본 백색가전 조립 공정 혁신 상황과 비슷한 과정이었다.

셸 석유 직원들은 스토리텔링을 통해 아이디어에 생명력을 부여하는 방법도 지도받았다. 그래픽 아티스트의 도움을 받아 시제품을 형상화했고 영상 촬영 전문가와 협력해 아이디어의 핵심을 알리는 짧은 광고를 찍었다. 5일간의 집중 과정이 끝날 때 각 팀은 벤처 심사단(게임체인저 위원회, 기술 상업화의 펀딩 과정을 잘 아는 이사진과 리더들) 앞에서 결과를 발표했다. 네 팀이 선정되어 비즈니스 계획을 제대로 완성하기 위한 6개월의 지원을 받게 되었다.

게임체인저 프로그램은 혁신을 위한 대규모 투자다. 매주 위원회가 열려 새로 제출된 아이디어를 검토하고 좋은 혁신안에 대해서는 지도와 상담 역할을 맡는다. 좋은 아이디어를 내놓은 직원은 위원회에 초대되어 10분 설명과 15분 질의응답을 거친다. 위원들이 잠재력을 인정하면 더 큰 규모의 전문가 집단과 만나 토론하게 된다. 벤처의 성공에 중요한 지식과 지원이 논의되는 자리다. 여기서 통과된 아이디어는 8~10일 안에 평균 10만 불, 최고 60만 불에 달하는 지원금을 받는다. 각 프로젝트는 그 계획이 이후 투자를 받을 만큼 실현이 가능하다는 점을 증명하는 개념 검토 회의를 거치는데, 이 회의를 기점으로 하여 성공적인 벤처는 셸 석유 안에서 영구적인 지위를 보장받을 수 있다.

물론 지원받지 못하는 프로젝트가 많고 지원을 받은 모든 프로젝트가 상업적으로 성공하는 것도 아니다. 딜로직의 창의적 자본 프로그램이 그렇듯 가장 중요한 점은 실험과 학습이 촉진된다는 것, 열정적인 직원들이 학습된 무력감을 벗어나 나름의 관심과 강점을 발휘하게 된다는 것이다.

직원들이 이런 식으로 혁신의 에너지를 얻는 것은 직원과 기업 모두에게 성공이다. 게임체인저 프로그램의 벤처들 중 4분의 1가량은 셸 석유의 현행 비즈니스에 혹은 다양한 성장 방향에 도입되어 구체화되거나 연구 개발 프로젝트로 수행되었다. 나머지 4분의 3은 유용한 실험으로 기록된 후 사라진다. 런던 경영대학원의 동료 교수인 줄리안 버킨쇼

Julian Birkinshaw는 "게임체인저 프로그램은 학자들이 옹호하는, 반면 기업들에게는 부담스럽게 여겨지는 기초 중심 접근을 가능하게 한다."라고 설명한다.

구글은 왜
'20퍼센트 시간' 정책을 포기했을까?

———

이 장에서 우리는 조직이라는 틀 내에서 직원들이 어떻게 실험하고 강점을 발휘하도록 하여 탐색 시스템을 활성화할 수 있을지 여러 방법을 살펴보았다. 열정과 헌신이 어떻게 얻어지고 더 큰 창의력을 발휘하게 되는지도 보았다. 이런 직원들은 업무를 보다 실제 삶처럼 느끼기 시작했다. 인간중심주의가 지속 가능한 경쟁우위에 불을 붙이게 되는 현장이다.

하지만 자유와 틀 사이의 균형을 맞추는 일이 늘 쉽지는 않다. 딜로직과 셸 석유 사례가 보여주듯 실험 자체가 계속 실험을 거쳐야 하는 대상이다.

구글의 '20퍼센트 시간' 정책은 아마도 가장 유명한 사례일 것이다. 구글 엔지니어들은 근무 시간의 20퍼센트를 개인 프로젝트에 쓰도록 권장된다. 그 결과 지메일, 광고 프로그램 애드센스AdSense, 구글톡Google Talk 등 성공적인 결과물이 얻어졌다. 설립자 래리 페이지 Larry Page와 세르게이 브린 Sergey Brin은 설립자가 예비 투자자들에게 보내는 2004년 서한에서 이 관리 기법의 중요성을 강조하기도 했다. "저희는 직원들이 정규 프로젝트에 더해 구글에 가장 유익하다고 생각하는 일에 20퍼센트의 시간을 사용하도록 합니다. 이를 통해 직원들은 더 창조적이고 혁신적으로 변합니다."[8]

하지만 2013년, 구글은 이 정책을 철회했다. 엔지니어들에 따르면 구글의 국제 생산성 순위가 뒤처지는 것을 막기 위해 관리자들이 20퍼센트 시간 사용 규칙을 포기했다고 한다. 관리자의 성과는 팀의 생산성을 기준으로 평가받으므로 개인 프로젝트에 시간을 쓰도록 할 수가 없었던 것이다.[9] 그 결과 더 빡빡해진 목표지향적인 혁신 활동이 만들어졌다. 핵심 영역이 위에서부터 정해져 내려가는 하향식 혁신이 추진되었다.[10] 2장에서 보았듯 스타트업에서 거대 글로벌 기업으로 성장한 구글 같은 경우 기존의 제품에서 더 많은 가치를 뽑아내는 데 집중하고 혁신은 덜 하는 경향이 있다. 기존의 생산 라인에 역량이 집중된다. 프레임은 점점 작아지고 혁신의 자유는 위축된다.

자유와 조직의 틀 사이 균형 유지하기

20퍼센트 정책을 포기한 구글의 결정을 비난하기는 쉽다. 직원들의 탐색 시스템을 가로막은 근시안적 조치였다고 말이다. 20퍼센트 정책이 검증된 혁신을 여럿 낳았다는 점을 고려하면 더욱 그렇다. 하지만 균형을 기억해야 한다. 자유는 조직이 필요로 하는 틀 안에 위치해야 한다. 20퍼센트의 시간은 엔지니어 100명 규모일 때, 몇 개월마다 멋진 아이디어가 등장해 다른 직원들 마음을 사로잡는 상황일 때 적절한 비율이었다.[11] 이렇게 시간을 투자할 자유는 직원들의 탐색 시스템에 불을 붙이고 열정을 북돋우며 더 많은 것을 해내도록 하는 힘이 되었다. 하지만 엔지니어 수가 2만 800명에 달하는 조직 규모에서 이런 수준의 자유는 맞지 않는다. 그렇게 많은 사람들이 자기 시간의 20퍼센트를 실험에 사용하도록 하는 것은 구글 최고경영자 래리 페이지가 설명한 대로 '화살을 너무 많이 쏘는' 낭비일 수 있다.[12] 한꺼번에 꽃을 1000송이 피웠다가는 제대로 수확해 사용하지 못하는 상황이 빚어진다.

자유와 틀 사이의 긴장감은 양방향으로 매우 실제적이다. 대부분의 대기업은 틀이 너무 강력하고 자유는 너무 적은 극단에 위치한 상태지만 20퍼센트는 너무 큰 자유다. 틀이 강철 감옥이 되지 않을 정도의 충분한 자유, 직원들이 실험하고 학습할 수 있다고 느낄 만한 자유가 필요하다.

이 책의 목표는 독자들이 사례의 리더들이 활용한 특정 아이디어를 따라 하도록 만드는 것이 아니다. 따라 할 수 있다면 그것도 좋지만 산업 분야나 문화라는 변수가 있다. 모든 직원들이 생물학적인 탐색 시스템을 지니고 있다는 점을 이해하고 시스템의 활성화에 투자해야 한다는 점이 가장 중요한 시사점이다. 직원들이 내적 관심과 개인적 강점을 바탕으로 조직의 틀 내에서 원하는 작업을 할 수 있도록 상황을 조성해야 한다.

이는 과학적 관리를 목표로 인사 정책이 등장했던 것과는 다른 방식이다. 조직의 위계화된 권력이 작동하는 방식도, 우리 대부분이 변화를 이끌어야 한다고 배워온 방식도 아니다. 이어지는 7장에서는 리더십이 무엇을 위한 것인가에 대한 우리의 기본적인 믿음을 검토하고 이들 믿음이 직원들의 탐색 시스템을 독려하는 우리 능력에 어떤 영향을 미치는지 알아보겠다.

7

섬김의 리더십이
탐색 시스템에 불을 붙인다

"사람들이 실적 평가나 보상, 처벌로는
움직이지 않는다는 걸 알았습니다.
거기서는 아주 작은 변화가 나올 뿐이에요.
반면 숭고한 목표, 감정적 유대, 새로운 실험, 선례를 통한 리더십은
훨씬 더 큰 움직임을 만들어냅니다."

당신의 직원은
아이디어를 숨기고 있다

───

오전 여섯 시 반. 바깥은 아직 캄캄하다. 중국 청두에 있는 장민의 800제곱피트 크기 아파트에서 알람이 울린다. 출발 전에 뭔가 먹는 걸 좋아하지만 영국계 다국적 금융서비스 회사인 스탠다드차타드 은행으로 출근하려면 기차를 타야 한다.

잠시 후 장민은 난핑 역에서 인파를 뚫고 기차 출입구로 향하고 있었다. 하루 이용객 90만 명에 달하는 역이다. 뱃속에서 꼬르륵 소리가 났다. 역까지 오는 길에 삶을 달걀을 먹어야 했다는 생각이 들었다. 벌써 30도에 육박하는 더운 날씨였다. 최고 기온은 40도로 예보되었다.

기차에서 내린 장민은 충칭 완다 쇼핑센터로 향했다. 거기서 근무하는 회사원들 1만 명이 그러하듯 말이다. 장난 거리에서 불어오는 바람이 상쾌했다. 기차 안의 답답한 공기와는 달랐다. 저 앞에 은행 출입문이 나타났는데 평소와 달랐다. 이른 아침치고는 너무 많은 사람들이 모여 있었다. 시계를 보고 다시 걸음을 재촉했다. 은행 업무가 시작되려면 아직도 20분을 기다려야 할 시간이었다. 은행 고객들일 리는 없었다.

붉은 앞치마를 두르고 쟁반을 든 낯선 얼굴들이 인파 한중간에 보였다. 장민은 뭔가 중요한 행사 소식을 놓치기라도 한 것일까 의아했다. 동료 마이에게 무슨 일이냐고 묻는 시선을 보냈지만 마이는 주스잔을 들고 미소만 지었다.

혼란에 빠진 장민은 인파를 뚫고 자기 자리로 가려 했지만 앞치마를 두른 남자가 미소를 지으며 다가와 음료와 따뜻한 종이상자를 건넸다. 그리고 자신이 신임 소비자금융부문 대표인 최정규라고 소개했다. 장민의 심장박동이 갑자기 빨라졌다. 겉으로는 아무렇지 않은 척 애를 썼다. 하지만 아무 준비도 없는 상태에서 신임 대표의 방문을 받게 된 당혹감과 두려움이 마음속을 가득 채웠다.

매년 스탠다드차타드 은행 임원들은 각 지점을 순례 방문했다. 하지만 늘 사전에 예고되었고 직원들은 준비할 시간이 있었다. 지난해 장민은 은행을 청소하고 페인트칠하느라, 파일 정리를 다시 하고 파워포인트 발표 준비를 하느라 20시간 초과 근무를 했다. 그런 와중에 평소처럼 고객 응대까지 해야 하는 것이 힘들었지만 지점장은 임원에게 '깔끔한 모습'을 보여야 한다고 강조했다. 그런데 지금 갑자기 임원이 등장한 것이다. 장민과 동료들은 아무것도 해놓은 일이 없는데 말이다. 스트레스가 치솟았다.

하지만 아무도 불안한 기색을 보이지 않았다. 동료들은 임원이 앞치마를 두르고 나눠주는 음식을 즐겁게 먹고 웃어댔다. 장민은 눈앞의 광경을 믿을 수 없었다. 작년에는 장민이 음료를 준비해 뜨거운 태양 아래 길에 나가 서서 임원을 기다리지 않았나. 두 시간 반이 지나서야 임원들이 도착했고 얼음은 다 녹아버린 후였다. 임원 방문을 준비하며 초과 근무를 감내했던 장민도 함께 녹아버린 기분이었다.

모든 직원이 출근을 마치고 아침 식사도 하고 난 후 최정규는 장민을 비롯한 지점 직원 여덟 명에게 '오전 작전 회의'를 갖자고 제안했다. 작은 회의실에서 그는 이 지점에서 더 훌륭한 고객 서비스를 하지 못하는 문제가 무엇인지 토론하고 싶어 했다. 그런 문제를 찾아 없애는 것이 자기 일이고 이를 위해 가진 힘을 다 동원할 작정이라고 하면서 말이다.

자기 몫의 파이를 다 먹어가던 장민은 귀를 의심했다. 자기 같은 직원들에게 문제 해결 방법을 물어보는 임원은 지금까지 한 명도 없었다. 지난해 임원 방문 때, 팀은 지점의 영업시간 연장을 제안했다. 하지만 거창한 식사 대접을 받고 파워포인트 발표를 듣고 잘 준비된 질의응답까지 끝낸 임원들에게는 직원들 입장에서 가장 중요한 문제를 논의할 시간이 이미 없었다. 장민은 그 후 입을 다물기로 했다. '이건 직장일 뿐이야. 월급만 받으면 끝이야.'라고 생각했고 아이디어를 입 밖에 내지 않게 되었다.

섬김의 리더십이 일으킨
더 강력한 변화

소비자금융부문 대표가 되어 싱가포르에서 중국으로 간 최정규는 자기 역할 중 하나가 '최고사령관'으로서 각 지점을 방문하는 것임을 알게 되었다. 전임 소비자금융부문 대표는 지점들을 방문하면서 조직의 위계서열과 자신들의 권력을 강조했다. 이는 지점에 압박으로 작용했고 직원들은 방문 준비를 위해 몇 주를 불안하게 보내야 했다.

최정규는 그런 관행에 의미가 없다고 보았다. 직원들에게 불필요한 스트레스를 줄 뿐이고 생산적이지 않다고 생각했다. 그는 리더의 역할을 달리 인식했다. 권위를 내세우는 것은 직원들을 변화시키는 방법이 아니었다.

이 장에서 우리는 리더들이 낮은 자세로 직원에게서 배우고자 하는 태도가 위계 강조에 비해 훨씬 더 효과적으로 탐색 시스템을 활성화할 수 있다는 점을 보게 될 것이다. 런던비즈니스스쿨의 게리 하멜Gary Hamel 교수는 "예산도 권위도 없을 때 무엇을 할 수 있는지 보여달라. 그것이 리더임을 보이는 방법이다."라고 말한 바 있다.

새로 부임한 최정규가 처음으로 한 행동은 임원 방문에 대한 지점들의 부담을 줄여주는 것이었다. 그리하여 향후 다른 모든 것에도 영향을 미칠 세 가지 핵심적인 변화 내용을 다음과 같이 결정했다. '첫째, 지점에 임원 방문을 미리 알리지 않는다. 둘째, 직원들이 임원을 기다리고 대접하는 대신 임원이 직원들에게 아침 식사를 대접하는 것으로 방문을 시작한다. 셋째, 임원은 작전 회의를 주재해 직원들이 지점 운영을 개선하기 위해 어떤 도움을 필요로 하는지 묻는다.'

장민이 근무하는 충청 나난 지점은 최정규가 최초로 공식 방문한 곳이었다. 최정규는 지역 총괄, 지점 총괄 등과 함께 일찌감치 도착해 출근하는 직원들에게 아침을 전달하며 인사를 나누었다. 깜짝 놀란 직원들은 처음에는 어떻게 반응하면 좋을지 몰라 했다. 하지만 맛있는 아침을 먹고 지점 영업 방식 개선 아이디어를 이야기하면서 다들 활기를 띠기 시작했다. 한 직원은 회사 소식지에 "최정규는 고객을 잘 대우하려면 최전선의 직원들을 그만큼 잘 대우해야 한다고 믿는 사람이다. 섬김의 리더십servant leadership인 것이다. 임원들은 앞치마를 두르고 우리에게 아침 식사를 대접했다. 이렇게 카리스마 넘치는 웨이터들은 난생처음이었다."라고 썼다.

나는 최정규의 새로운 접근법이 성공한 이유가 직원들의 두려움을 없애고 아이디어 공유와 자기표현을 통해 탐색 시스템을 활성화한 데 있다고 본다. 결과는 어땠을까? 여러 좋은 아이디어가 쏟아졌고 개선을 향한 열정이 타오르게 되었다.

각 지점에서 좋은 결과를 얻긴 했지만 그러기까지의 과정은 결코 쉽지 않았다. 변화 내용을 발표했을 때부터 다른 리더들을 설득하느라 힘이 들었다. 여러 임원들이 못마땅해했다. "중국에서 보스는 신비로운 존재여야 합니다. 너무 친밀하게 다가가는 건 좋지 않아요."라고 말하면서 말이다.

최정규는 이런 태도를 우려했다. 그는 내게 "임원진과 기본적인 문제에 대해 토론했습니다. 기업 리더가 군림하는 '황제'의 모습이어야 하는가, 아니면 비전을 만들고 문제를 해결하는 '조력자'여야 하는가에 대해서요. 황제가 되려면 거리를 두고 신비주의를 고수해야 하지만 조력자라면 친밀하고 개방적이며 겸손해야 하죠."라고 말했다.

한 해 동안 최정규는 25개 도시 80곳 이상의 지점을 방문했다. 한 번하고 말 거라며 회의적이던 직원들도 변함없는 최정규의 모습에 마음을 바꾸었다. 직원들의 아이디어와 실험에 초점을 맞춘 작전 회의는 고객응대 역할놀이를 포함하는 상호작용 활동이 되었고 웃음과 농담이 어우러지곤 했다. 새로운 금융 컨설팅 도구를 소개하고 효과와 한계를 확인하는 작업도 역할놀이를 통해 이루어졌다.

이런 식으로 지점 방문은 업무 중심으로 바뀌었고 탐색 시스템이 빚어낸 긍정적 감정으로 가득한 행사가 되었다. 작전 회의의 개방적 분위기는 최정규가 쉽게 해결할 수 있는 직원 고충들도 드러내주었다(예를 들어 새로운 시스템 교육이나 새로운 소프트웨어를 돌리기 위한 컴퓨터 업그레이드 등이 있었다).

직원들이 스스로 개선하게 만드는 리더

최정규는 식사 대접과 상호작용 활동을 반복하는 일이 중요했던 이유로 자신이 부임했을 당시 임원진에 대한 지점 직원들의 신뢰가 바닥이고 두려움은 높았기 때문이라고 설명했다. 과거 승진한 후 지점을 찾은 임원들은 비용 절감과 단기 전략이라는 직원 착취의 방법으로 성과를 올리고 다시 다음 지위로 올라가려 했다. 최정규는 10년 동안 열한 번째로 임명된 소비자금융부문 대표였는데 직원들의 아이디어나 현장의 고충은 전임 대표들이 거의 파악하지 못하는 상황이었다.

예를 들어 상하이의 한 지점은 쇼핑몰 내에 위치했는데 직원들이 쇼핑몰 영업시간과 동일하게 지점 영업을 하면 어떻겠느냐는 제안을 해왔다. 그러면 공식 은행 업무 시간보다 훨씬 길어지고 주말 개점까지 하게 될 것이었다. 직원들은 주말 영업 실험을 해보고 싶어 했다. 그리고 주말 영업 시행 후 몇 달이 지나자 이 지점의 주말 순이익은 주중 전체 규모를 넘어섰다. 이는 최정규가 아닌 직원들이 만든 아이디어였다.

최정규는 또한 실험 장려가 직원들에게 혁신을 확신하게 하고 더 큰 열정과 헌신을 낳는다는 점을 발견했다. 그는 "콜센터가 상급자에게 보고할 필요 없이 사소한 고객 분쟁을 해결하도록 하면 다들 은행 주인이 되기라도 한 것처럼 잘 해냅니다. 절차와 규칙을 너무 많이 정해두면 그걸 지키느라 정작 은행이나 고객의 혜택과 비용은 고려하지 못하지요."라고 말했다.

조직이라는 틀 안에서 직원들이 자유를 찾도록 하는 것의 중요성이 다시 부각되는 지점이다. 최정규의 경험은 5장의 이탈리아 백색가전 공장이나 6장의 딜로직 사례와 맥을 같이한다. 탐색 시스템이 열정을 낳고 이를 통해 기존 접근만 따라가는 외적 동기부여가 아닌 직접 이해하고 탐색하는 내적 동기부여가 이루어지는 것이다.

닝보에 있는 또 다른 지점 직원들은 대출 상품 판매 직원을 추가 채용하고 싶다고 요청했다. 대출 수요가 많아 직원이 부족한 상태고 좋은 인력을 채용할 가능성도 높다는 것이다. 직원은 "닝보는 중국에서 가장 부유한 도시 중 하나입니다. 유학 온 젊은 사람들도 많고요. 하지만 다국적 기업의 일자리는 별로 없습니다. 그러니 최고 수준의 인력을 쉽게 구할 수 있습니다."라고 설명했다.

좋은 아이디어였지만 실행하려면 일이 많았다. 직원들의 열정이 에너지가 되어 결국 직원 채용이 이루어졌다. 그 후 닝보 지점의 대출 상품 판매 실적은 중국 전체에서 최고를 기록했다. 이 역시 최정규의 아이디어는 아니었다. 직원들의 탐색 시스템을 활성화시켜 아이디어를 만들게 한 덕분이었다.

새로운 방식의 지점 방문이 이어지면서 직원들은 임원 방문 때 찍은 사진을 SNS인 웨이보Weibo에 올리기 시작했다. 비공식 소통 채널인 웨이보는 회사의 그 어떤 공식 소식지보다도 더 효과적이었다.

최정규의 지점 방문 방식은 3장에 소개했던 현명한 개입의 사례이기도 하다. 지점 방문에서 불안감을 제거하는 대신 식사를 제공하고 새로운 아이디어 공유 기회를 만드는, 작지만 강력한 변화가 주인의식과 혁신 문화를 이끄는 커다란 변화를 이끌어낸 것이다.

직원들의 열정을 높이고 탐색 시스템을 활성화하는 데 더해 이 일련의 실험은 기업 실적 면에서도 성과를 가져왔다. 최정규의 섬김 리더십이 지속되는 2년 동안 고객 만족도는 54퍼센트 높아졌다. 같은 기간 고객 불만은 29퍼센트 줄었다. 중국 내 외국계 은행 중 최고치였던 직원 이직률은 같은 기간에 최저 수준을 기록했다.

최정규는 "사람들이 실적 평가나 보상, 처벌로는 움직이지 않는다는 걸 알았습니다. 거기서는 아주 작은 변화가 나올 뿐이에요. 반면 숭고한 목표, 감정적 유대, 새로운 실험, 선례를 통한 리더십은 훨씬 더 큰 움직임을 만들어냅니다."라고 말했다.

달리 말해 리더는 겸손한 마음으로 섬기는 존재가 되어야 하는 것이다.

직원은 섬기는 리더에게
최고의 성과를 보여준다

———

실험으로 직원들의 호기심과 학습을 촉진하기 위해 리더는 남을 섬기다는 겸손한 목표, 그리고 직원들로부터 배운다는 개방적 태도를 갖출 필요가 있다. 브리검영대학교의 브래들리 오언스Bradley Owens 교수와 콜로라도대학교의 데이비드 헤크먼David Hekman 교수는 다양한 상황을 겪고 있는 리더들을 대상으로 55회의 심층 면접을 진행했다. 그리고 이 과정에서 직원들에게 불확실성과 겸손한 마음을 표현하고 자신의 개발 과정을 공유하는 리더들이 결국 남들의 학습 자세를 독려한다는 점을 발견했다.[1]

아이러니하게도 섬김의 리더십은 완벽함 요구가 아닌 그 반대, 즉 인간은 절대 완벽할 수 없고 학습과 진보를 위해서는 탐색, 실패, 연습을 거쳐야만 한다는 인정을 바탕으로 한다. 앞서 5장에서 소개한 새로운 심장절개 수술법을 도입한 일부 외과의들, 당장의 완벽함이 아니라 학습과 연습에 초점을 맞춘 결과 덜 공격적인 수술법 습득에 성공한 이들도 이와 맥을 함께하는 사례다.

최정규의 일부 동료들이 그랬듯 몇몇 리더들은 섬김의 리더십을 망설인다. 리더십 세미나에서 최정규의 사례를 소개하자 직원들의 말에 귀를 기울이고 실험하도록 도운 겸손한 행동은 특히 극동 지역 문화를 감안할 때 '진정한 리더'가 보여야 할 모습이 아니라는 의견이 많았다. 많은 이들이 이 사례에 대해 흥미로운 상황이라고는 인정하면서도 "겸손함이 정말 통할까요? 언제 역효과가 나타나진 않을까요?"라는 질문을 했다.

나는 확실성, 결단력, 위계서열을 바탕으로 한 관료주의적 리더십이 유해하다고 주장한다. 직원들의 두려움 시스템을 작동시키고 긍정적 감정을 차단하며 실험과 학습 충동을 억누르기 때문이다. 권력을 얻은 리더는 상대를 아이디어와 감정을 지닌 지적 인간이 아닌, 자기 목적을 위한 수단으로 바라보게 되는 탓에 이러한 '임원병病'을 흔히 드러낸다.[2] 조직 생활에서 권력은 오만함과 자기중심성으로 드러나고 임원들은 권력을 사용해 직원들을 위협하면서 복종하게 만드는 일이 너무도 많다.[3]

권력 있는 리더에 대해 직원들이 느끼는 두려움은 진짜 정보를 차단하는 아첨꾼들을 만들어낸다. 이 때문에 리더는 직원들의 업무와 애로, 고객의 실제 모습으로부터 점점 더 차단된다. 안타깝게도 임원들 자신에게는 이 상황이 만족스럽게 느껴진다. 그리고 이런 편안한 환경에서 자신의 자존심과 권력을 보호하고 보전하려는 성향이 커진다.[4] 직원들로부터 배우려는 시도, 직원들의 실험과 학습을 도우려는 마음은 눈곱만큼도 없다.

리더의 오만함 또한 학습된 무력감이다

2장에 소개한 학습된 무력감 개념을 돌이켜보자. 반복된 전기 자극을 받은 개들은 더 이상 고통에서 벗어나려는 시도조차 하지 않았다. 오만함 또한 학습된 무력감의 일종일 수 있다. 학습은 자신이 모든 것을 알지 못한다는 점을 기꺼이 인정할 때 시작된다. 하지만 모든 것을 알지 못한다는 인정이 나약함으로 여겨져 처벌받는 환경이라면 어떻게 될까? 이는 모두가 '우주의 지배자'라도 되는 듯 행동하는 금융권에서 특히 두드러지는 현상이다.

남들에게 더 좋은 정보가 있다고 인정할 때 처벌받는 상황에 처한 리더라면 당신은 어떻게 하겠는가? 모르면서도 잘 아는 척해야 할 것이다. 이런 면에서 오만함은 자기가 모른다는 걸 인정하지 않기 위한 방어 체계다. 이런 리더는 '모른다고 인정하면 처벌을 받을 뿐 배울 수 없다. 잘 아는 척 자신만만하게 굴면 보상을 받게 된다.'라고 생각할 수밖에 없다.

이러한 사고방식은 권력을 지닌 사람들의 학습과 혁신을 억압하기 때문에 큰 문제가 된다. 모른다고 하면 조롱과 처벌을 받는 반면 다 아는 척 행동하면(심지어 오만하게 굴면) 존경과 보상을 받는다. 남의 아이디어에 귀를 기울이고 학습했다가 거듭 상처를 입는다면 결국 오만함이 학습된 무력감으로 자리 잡는다. 오만함에 밀려 학습은 중단된다. 직원들은 "임원들은 직원의 새로운 아이디어나 혁신 시도를 원하지 않는다."라는 메시지를 전달받는다. 회사에 변화가 필요하지 않다면, 무엇을 해야 할지 분명히 전달할 수 있다면 이런 문화도 괜찮다. 하지만 유연성과 아래로부터의 혁신이 요구되는 상황이라면 재앙이다.

관료주의적 권력이 득세하는 상황에서 겸손한 모습을 유지하고 자아를 낮추는 일은 누구에게든 쉽지 않다. 하지만 기존 연구들은 섬김의 리더십이 큰 효과를 낸다는 점을 분명하게 밝히고 있다. 지난 10년 동안 잘 설계된 여러 연구 조사에서 섬김의 리더십이 개인, 팀, 조직 전체의 수행을 높인다는 점이 드러났다.[5] 그렇다고 리더의 권력이 나쁘다는 뜻은 아니다. 다른 사회적 동물과 마찬가지로 인간도 인상적인 행동으로 자신을 돕거나 감동시키는 리더를 찾는다. 뒤따르고 싶은 마음이 절로 생겨나는 것이다. 하지만 산업혁명 동안 리더는 위계서열에 매몰되었다. 스스로 얻지 못한 권력이 리더에게 할당되었다. 섬김의 리더십은 다른 이들이 자기 잠재력을 찾고 그 잠재력을 얻기 위해 실험하도록 돕는 리더십이므로 더욱 자연스럽다. 이는 다른 이들이 그 섬김을 되돌려주고 뒤따르게끔 만드는 재능이다.[6]

섬기는 리더는 다른 이들이 새로운 아이디어를 실험하고 최대의 잠재력을 발현하게끔 돕는다. 이렇게 되는 이유는 섬기는 리더들이 성장의 방식을 앞장서 보여주기 때문이다. 섬기는 리더들은 학습과 실험의 중요성을 그저 말로 떠드는 대신 발전의 방법을 몸으로 보여준다. 실수와 한계를 인정함으로써, 듣고 관찰하고 행동으로 학습하는 데 개방적인 모습을 보임으로써 말이다. 스탠다드차타드 은행의 최정규에게서,

딜로직의 창의적 자본 실험에서, KLM 항공의 소셜 미디어 실험에서 모두 드러난 사실이다.

자주 적응하고 변모해야 하는 조직에서는 겸손한 리더와 추종자들만이 새로운 아이디어, 비판, 외적 환경 변화를 더 잘 수용하게 된다. 이를 두고 한 리더는 "실패는 적응 속에서 그 진가를 발휘한다."라고 말하기도 했다.

리더의 겸손함은 인재를 찾는 새로운 전쟁에서 핵심적인 도구다. 직원들은 탐색 시스템 활성화에 최우선 순위를 두는 리더, 자신들과 환경을 개선하기 위한 새로운 방법 탐색에 물질적, 정서적 지원을 아끼지 않는 리더 아래에서 최고의 자기 모습을 보이게 될 것이다.

두려움으로 잠식된 조직에 창의성을 배달하는 방법

─────

스탠다드차타드 은행의 최정규 사례는 섬김의 리더십이 불안감이 높은 상황에서도 탐색 시스템을 활성화할 수 있음을 보여준다. 하지만 직원들이 학습된 무력감에 깊이 빠져버린 상황이라면 어떨까?

영국의 식료품 배달 산업을 보자. 아침마다 수백 대 트럭이 100만 명이 넘는 고객들에게 우유와 빵을 배달한다.

트럭 운전사들은 15~20년 넘게 그 일을 해왔고 관리자를 적대시한 지 오래다. 관리자들은 하급 직원들을 무시하고 그들의 의견에도 관심이 없다. 화이트칼라 직원들이 자신들만 창의적이고 블루칼라 직원들은 그렇지 않다고 생각하는 계급화된 조직에서는 '창의성 차별'이 나타난다. 시간이 흐르면서 운전사들은 관리자를 불신하며 탐색 시스템을 차단해버리고 부정적인 감정에 휩싸인다. 배달 시작 전 트럭에 식료품을 싣는 운전사들은 관리자들에 대해 냉소적인 농담을 주고받는다.

배송이 수익에 결정적인 기업 입장에서 관리자와 운전사들 간의 단절은 큰 문제로 부상했다. 수년 동안 고객이 줄어들고 성장 잠재력이 제한되는 상황에서 기업이 살아남을 유일한 방법은 탁월한 고객 서비스뿐이었다. 하지만 직원들의 태도와 행동은 실망스러웠다. 조직의 변화를 꾀하는 관리자들의 노력은 무시되었다. 운전사들의 일자리를 지키려는 노력조차 마찬가지 대접을 받았다.

회사는 프라이스워터하우스쿠퍼스컨설팅에서 일한 던컨 워들리 Duncan Wardley 를 고용해 고객과 직원 모두에게 핵심적으로 중요한 상호작용을 하는 순간, 잘 이루어지는 경우 커다란 효과를 낳게 되는 그 순간을 찾고자 했다. 바로 3장에서 다룬 현명한 개입을 위한 완벽한 기회를 잡기 위해서였다.

끔찍한 회의를 바꾼 '현명한 개입'

워들리 팀이 발견한 가장 중요한 상호작용 중 하나는 창고 관리자와 운전사들이 만나는 '주간 배송 보고 회의'였다. 한 주에 한 번 있는 회의 시간은 15분 이하였다. 운전사들은 더 짧아지기를 바랐다.

창고 관리자들은 나쁜 사람이 아니었다. 진심으로 회사의 성공을 바라는 양심적인 유형이 대부분이었다. 하지만 구식이었다. 권위적이고 가부장적인 방식으로 더 좋은 성과를 내고자 했다. 권위와 불안을 동원해 실적을 압박했는데 이게 그들이 아는 유일한 방법이었다.

주간 배송 보고 회의는 관리자들이 운전사들을 늘 감시하고 있다는 점을 알리고 처벌받아야 할 잘못을 언급하는 내용으로 채워졌다. 창고 관리자들은 고객 불만, 배송 누락 같은 문제들을 나열했다. 이른바 '서

류철 관리' 방식이었다. 운전사들은 말썽꾸러기 아이 취급을 받는다고 느꼈다. 관리자는 의자에 앉고 운전사들은 그 앞에 늘어선 채로 지저분한 제복에 대해 추궁을 받는 상황이었으니 말이다.

직원들의 탐색 시스템에 불을 붙이려면 리더십 마음가짐에 변화가 필요했다. 섬김의 리더십은 직원들을 위해 봉사하는 것이다. 관리직이란 간접비용을 발생시키는 존재다. 그러므로 가치를 창출하는 직원에게 봉사하지 않는 관리자들은 가치를 창출하지 못한다.

이렇게 볼 때 기존의 주간 배송 보고 회의는 학습하고 문제를 해결하도록 돕는 기회가 아니었다. 좋게 말해봐야 부모와 자식 간의 대화에 불과했다. 운전사들은 회의를 인간적 상호작용이 아닌, 합격하거나 불합격하는 시험을 치르는 듯 느꼈다. 회의가 거듭될수록 관계는 더 악화되었고 파트너가 되어야 할 사람들 사이에 갈등이 쌓였다. 관리자들이 세계 최고 서비스를 기대하는 바로 그 운전사들이 주간 회의 때문에 의기소침해지고 기가 죽고 분노했다. 전략과 실행이 반대 방향으로 가고 있었다.

더 큰 문제는 주간 회의가 일방향으로 진행되는 바람에 관리자들이 배달 현장의 목소리에서 스스로를 차단했다는 점이었다. 예를 들어 '실수'로 분류된 것 중에는 운전사들이 제시간에 일을 마치기 위해 스스로 만들어낸 혁신적 과정이 포함되어 있었다. 협력적 상황이었다면 이 혁신은 가치를 인정받고 더 좋은 고객 서비스에 기여하게 되었을 것이다. 배송 문제의 핵심을 파고들어 이해하도록 만들 수도 있었을 것이다.

워들리는 이 끔찍한 회의를 15분간의 대화 시간으로 바꾸고자 했다. 대화의 핵심은 더 우수한 고객 서비스 방법을 찾고 실험하는 것이었다. 양방향으로 원활히 진행되는 문제 해결 대화를 통해 창고 관리자들이 어떻게 운전사들을 지원해야 할지 학습하도록 하는 것이 목표였다. 이런 상호작용은 다른 핵심적 순간, 예를 들어 고객의 최초 배송 경험이나 비용 절감 방법 모색 등에도 긍정적인 영향을 미칠 것이었다.

부정적 감정(두려움, 불안 등)이 팽배한 기업 문화에서 워들리는 어떻게 목표를 실현할 수 있었을까?

컨설팅팀은 작고 현명한 개입으로 첫걸음을 내디뎠다. 15분 주간 회의 때 관리자들이 "최고의 배달 서비스를 하도록 어떻게 도와줄까요?"라는 질문을 제일 먼저 던지도록 한 것이다.

창고 관리자들이 이를 제대로 해낼 수 있도록 코칭 프로그램이 진행되었다. 대화를 진행하는 방법, 새로운 상호작용을 통해 감추어진 정보와 아이디어를 발견하는 방법에 초점이 맞춰진 프로그램이었다. 새로운 접근법이 시작된 후에는 창고 관리자들이 컨설턴트를 상대로 역할놀이를 하도록 했다. 임원급들도 역할놀이에 참여해 '이것이 정말로 중요하고 실제적인 과업'이라는 메시지를 전달했다.

창고 관리자들은 새로운 회의 형태가 무언가 변화를 가져오리라고 생각하지 않았다. 한 관리자는 워들리에게 "해보기는 하겠지만 난 운전사들을 잘 알아요. 아무 효과 없을 겁니다."라고 말하기도 했다. 새로운 접근법은 배달 운전사들을 관리하고 동기부여하는 기존 방법의 가장 근본적인 원칙과 배치되었던 것이다.

두려움을 낮추기 위해 컨설턴트들은 관리자와 운전사들의 대화를 관찰하고 어떤 변화가 필요한지 알려주는 등 도움을 아끼지 않았다.

처음에는 진행이 더뎠다. 관리자에 대한 운전사들의 반감이 크고 신뢰가 낮았기 때문이다. 하지만 "최고의 배달 서비스를 하도록 어떻게 도와줄까요?"라는 질문이 반복되자 몇몇이 제안을 내놓기 시작했다. 한 운전사는 "깔끔한 제복 차림을 원한다면 물건을 실을 때 제복을 입지 않게 해줘요."라고 말했다. 관리자는 물건 실을 때 입을 작업복을 즉각 구입해 나눠주었다. 이런 작은 변화를 통해 신뢰가 쌓이자 운전사들은 다른 아이디어도 내놓았다. 예를 들어 아침 일찍 배송받아 부모들이 아이들 도시락에 넣어줄 수 있는 스트링치즈나 짜 먹는 요구르트를 제품에 포함시키자는 아이디어가 나왔다. 재고 상황을 더 자주 파악해 주문한 식료품을 받지 못하는 고객이 없도록 하자는 아이디어도 등장했다.

선순환이 만들어졌다. 긍정적인 한 걸음이 두 번째의 더 큰 걸음을 이끈 것이다. 운전사 한 명의 아이디어가 성공적인 변화를 만들자 가능성을 본 다른 운전사 세 명이 나섰다. 오언스와 헤크먼의 섬김의 리더십 연구에서 나타났듯 리더들부터 직원들에게 봉사하는 모범을 보여야 직원들도 고객에게 봉사할 수 있다.[7] 운전사들은 아이디어를 표현하고 그 아이디어가 실현되는 모습을 보면서 즐거워했다. 탐색 시스템이 차단된 채 부정적인 감정에만 휘말렸던 지난 여러 해 동안 속에 감춰둔 아이디어들이었다.

이탈리아 백색가전 조립 공장 노동자들이 그랬듯 관리자들이 귀를 기울이고 행동하기 시작하자 운전사들의 탐색 시스템이 활성화되었다. 열정이 커지면서 부정적인 감정이 밀려났다. 한 관리자는 "창고 관리 방식도 저절로 바뀌었습니다. 운전사들과 상호존중을 하는 협력 관계가 만들어진 겁니다."라고 말했다.

가장 회의적이었던 창고 관리자들조차 감동했다. 새로운 질문으로 회의를 시작한다는 지극히 사소하고 단순해 보이는 변화가 가장 중요한 변화를 낳은 것이다. 현명한 개입에서는 한 번에 커다란 변화를 기대하지 않는 것이 중요하다. 수십 년에 걸쳐 형성된 학습된 무력감을 넘어서려면 작은 아이디어들이 개발되어야 한다. 처음 나오는 혁신과 제안은 사소할 수밖에 없다.

식료품 배달 회사 운전사들은 개선 방안을 계속 내놓았다. 자필로 다섯 장을 가득 채워 들고 온 운전사도 있었다. 아마존 등 다른 물품을 배송하자고 제안한 운전사도 있었다. 드라이클리닝 서비스를 해보자는 아이디어도 나왔다.

리더들은 휘하의 사람들, 특히 낮은 직위 노동자들인 운전사, 콜센터 직원, 정비공, 조립 라인 노동자 등의 진정한 가치를 보지 못하는 일이 많다. 하지만 리더가 겸손한 태도를 갖고 존중하며 그들이 더 잘 일할 수 있도록 어떻게 도우면 좋을지 묻는다면 엄청난 결과가 빚어진다. 실적이 높아지는 것보다 한층 더 중요한 점은 섬기는 리더가 더 나은 인간으로 행동하게 된다는 데 있다. 자기 가족이 대접받기를 기대하는 대로 다른 사람을 대접하게 되는 것이다.

변화는 때로 감정적이다

워들리 팀은 달랑 질문 하나로 현명한 개입을 시도했다. 하지만 이 질문 하나는 전과 달라진 리더십 철학을 상징했고 전혀 다른 대화를 이끌었다. 직원들의 개인적 창의성을 차단하는 탈개인화의 순환 고리를 끊는 이 개입은 장점 탐구appreciative inquiry의 핵심을 보여준다.[8] 3장에서 설명했듯 이러한 작은 변화는 감정적으로 취약한 상호작용에 초점을 맞출 때 숨겨진 지렛대 효과를 나타낸다. 사람들이 스스로에게 말하는 이야기를 기본부터 바꿔주기 때문이다. 자신이 낸 아이디어가 좋은 평가를 받고 현실화되는 것을 본 운전사들은 더 많은 아이디어를 기꺼이 내게 되고 이에 대한 창고 관리자들의 감탄과 존중이 커지면서 더더욱 많은 아이디어가 나오는 과정이 이어진다.

운전사들의 탐색 시스템이 활성화되자 고객 서비스를 개선할 아이디어가 엄청나게 많이 쏟아졌고 그 아이디어를 처리하는 일이 큰 문제로 대두되었다. 그리하여 컨설팅사는 관리자들이 아이디어를 비용과 혜택 측면으로 나누도록 지도했다. 단순하고 값싸며 쉬운 아이디어(제복 위에 앞치마 입기)는 바로 실행했고 다른 아이디어(더 많은 제품 배달하기)에 대해서는 자금 지원을 요청했다.

몇 주 뒤 새로운 접근에 반대했던 창고 관리자가 "전 운전사들을 잘 안다고 생각했습니다. 하지만 크나큰 오산이었습니다!"라고 말했다. 또 다른 관리자는 "변화가 눈에 보이는군요. 제 두 눈으로 이런 걸 보게 되리라고는 정말 생각해보지 못했습니다."라고 하였다.

커다란 변화가 발생하고 자리 잡게 되는 원인은 종종 논리적이기보다는 감정적이다. 위들리는 최정규의 말과 일맥상통하는 말을 내게 해주었다. "진정한 변화는 단순한 보상 제공이나 이성에의 호소로 얻어지지 않습니다. 사람들의 감정을 건드려야 합니다. 의미를 느끼고 싶어 하는 마음, 자기표현이라는 내적 욕구를 충족시키는 방식이 필요합니다."

어느 지역 담당 관리자는 어떤 변화가 일어났는지를 다음과 같이 요약했다. "우리는 운전사들을 완벽하게 다 안다고 생각했습니다. 하지만 놓친 부분이 얼마나 많았는지 깨달았지요. 주간 회의는 이제 훨씬 상호적이 되었고 솔직하고 성숙한 대화가 오가고 있습니다. 어떤 변화를 목격하고 있는지는 말로 표현하기 어려울 정도입니다."

사람들은 정말
변화를 싫어할까?

———

사람들은 변화를 싫어한다고 말하는 리더들이 많다. 변화 선도를 위한 교육에서 '직원들의 저항 극복'에 초점을 맞추기도 한다. 하지만 나는 정반대의 생각이 더 유익하다는 점을 발견했다. 바로 사람들은 변화에 아주 익숙하다는 생각이다.

다른 모든 동물과 달리 인간은 엄청나게 많은 변화를 겪어온 존재다. 우리 종의 행동을 분석하면 우리가 변화의 동물이라 말하지 않을 수 없다. 이는 우리의 (그리고 다른 포유류도 공유하는) 탐색 시스템이 전두엽피질 (미래를 가상하게 하는 두뇌의 새로운 부분으로 다른 포유류에게는 없다)과 협력한 결과로 보인다.[9] 두뇌의 이 두 부분이 함께 작동하면 인간은 생물학적으로 혁신과 변화를 추구하기 시작한다.

예를 들어보자. 인간은 날 수 없는 동물이다. 날개 없는 다른 동물들의 생태를 보면 그저 걸어다닐 뿐이다. 자연이 부여한 것을 그대로 받아들여 살아간다. 하지만 인간은 달리 행동한다. 자연이 준 대로 받아들이는 데서 그치지 않는다. 스마트폰과 인공지능, 블록체인 기술은 자연이 제공한 것이 아니다. 우리 스스로 만든 것이다. 2장에 소개한 혁신의 가속화를 다시 생각해보면 인간이라는 동물이 실험, 학습, 혁신을 위해 만들어졌다는 점은 분명하다(그림5 참고).

그림 5 **실험이 탐색 시스템을 활성화한다**

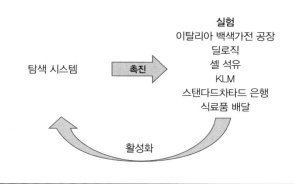

이제 우리는 조직 생활의 틀 안에서 탐색 시스템을 어떻게 활성화할 것인지 방법을 알아내야 한다. 영국 식료품 배달 사례와 중국 은행 사례에서 우리는 학습된 무력감에 빠져 있던 직원들이라 해도 리더가 겸손하게 귀를 기울이며 직원들 스스로 환경을 탐색하고 개선할 기회를 줄 때 탐색 시스템을 활성화한다는 점을 확인했다. 그리고 그 결과는 더 나은 제품과 서비스를 넘어서 열정적인 태도로 이어진다. 사람들은 직장에서 더 활기찬 존재가 된다.

Alive
at work

Part 4

목적의식

8

내적 동기부여의 핵심은 진정성이다

업무의 목적을 그저 말해주는 것은
마치 좋은 책에 대해 말해주는 것과 같다.
아무리 좋다 해도 직접 읽고 경험하지 않은 한
그 책을 친구들에게 추천하는 일은 없을 것이다.

스스로 이야기와
목표를 만들게 하는 경험

―――

알렉스는 자기 일을 좋아할 이유가 충분했다. 러시아 고향 근처의 타이어 공장은 최신 장비가 갖춰진 현대식 건물이었다. 홍차와 우유가 무료로 제공되고 메뉴가 다양한 직원 식당이 운영되는 등 복지도 좋았다. 핀란드식 사우나까지 갖춰져 있었다.[1]

이뿐만 아니라 알렉스는 노키아 Nokia 타이어 회사가 자신을 잘 배려한다고 생각했다. 무료 의료 서비스에 하키팀 지원도 있었고 시장 가격보다 싸게 아파트를 지어 공급하기도 했다.

하지만 타이어 만드는 일은 점점 진력이 났다. 물론 일 자체에는 문제가 없었다. 세상은 타이어를 필요로 했고 누군가는 그걸 만들어야 했다. 그럼에도 알렉스가 어린 시절에 꿈꾸던 종류의 일은 아니었다. 알렉스는 맡은 일에 완전히 숙달된 상태였고 무언가 조금 더 만족스러운 일을 바라는 마음이 간절했다.

그때 회사는 새로운 겨울용 타이어를 출시했고 마케팅팀은 제품 출시 행사를 핀란드 이발로에서 열기로 했다. 전 세계 생산 공장의 최우수 직원이 참석하는 행사였는데 신년 파티에서 발표된 명단에는 알렉스도 들어가 있었다.

자기 이름이 불렸을 때 알렉스는 마음이 설렜지만 약간 두렵기도 했다. 러시아를 떠나 외국에 가본 적도, 비행기를 타본 적도 없었던 것이다. 하지만 공장을 대표하는 인물로 뽑힌 것이 자랑스럽고 고마웠다.

그 여행에서 알렉스는 많은 경험을 했다. 하늘에서 러시아를 내려다보았고 핀란드에 도착했을 때는 숨 막힐 듯 아름다운 북극 오로라를 목격했다. 하지만 이런 구경거리가 전부는 아니었다.

출시 행사에는 노키아의 테스트 드라이버인 얀 라이트넨Janne Laitenen이 초청 연사로 나와 얼음판 운전 기술을 소개했다.[2] 얼음판 위 가장 빠른 운전으로 기네스 세계 기록을 보유한 그는 노키아의 겨울용 타이어가 얼마나 큰 도움이 되었는지 설명했다. 그리고 알렉스를 비롯한 최우수 직원들은 얼음 표면에서 직접 타이어를 테스트하는 기회를 가졌다.

알렉스에게는 눈이 번쩍 뜨이는 경험이었다. 자신이 만드는 제품의 최종 소비자에 대해 생각해본 적이 없었기 때문이다. 자기 작업을 어떻게 더 능숙하게 잘할지만 고민했던 그에게 새로운 자극이 찾아온 셈이었다. 자기 업무가 어떤 결과를 낳는지 알게 된 그는 극한 조건에서 작동하는 타이어를 생산하는 과정의 일원이라는 점이 자랑스러웠다.

공장으로 돌아온 그는 전에 없이 일에 집중했다. 타이어 생산이 다른 의미를 갖게 된 것이다. 타이어가 운전에 어떤 영향을 미치는지에 더 초점을 맞춰 생각하기 시작했다. 더 넓게 보자면 공장 전체가 세계 최고의 제품을 만들기 위해 움직이고 있다고 생각하게 되었다.

다시 말해 알렉스는 전보다 더 큰 목적의식을 느꼈던 것이다.

직원들이 자기의 영향력을
목격하게 하라

1장에서부터 목적의식이 신체적으로 유익하다고 소개했다. 목적의식은 우리 건강과 수명에 긍정적인 영향을 미친다. 예를 들어 목적의식이 약간이라도 높아지면(표준편차에서 한 단위만 바뀌어도) 다음 10년 동안 사망할 위험이 크게 낮아진다.[3]

목적의식은 또한 에너지를 부여한다. 알렉스의 경우처럼 말이다. 우리 신체 시스템을 활성화하고 도파민을 배출한다. 노키아 공장에서 직원 몇 천 명을 관리하는 알렉산더 우스타브쉬코프는 핀란드에 다녀온 직원들이 목적의식을 갖고 업무에 달리 접근하게 되었다고 말해주었다. "타이어가 매력적인 존재가 된 겁니다. 행사에 지출한 비용은 겨우 1000유로였는데 결과는 대단했습니다. 타이어가 실제 사용되는 모습을 보고 자기 업무가 어떻게 연결되어 있는지 확인함으로써 태도가 완전히 달라졌습니다. 자신이 만든 제품, 소속된 회사에 더 큰 자부심을 느끼면서 주변 친구나 친척들에게 좋은 말을 전했지요. 덕분에 브랜드 이미지까지 좋아졌습니다."

탐색 시스템 덕분에 목적의식은 우리 열정, 내적 동기부여, 회복탄력성을 높인다. 4장의 소원성취 재단에서 개성적인 직함이 업무의 핵심 목표(어린이 환자 가족에게 기쁨 주기)에 집중하도록 도와주었다는 점을 이미 살펴보았다. 그 직함은 직원들이 돈벌이를 넘어서 무엇을 위해 일하는지 매일 기억하게 만들었던 것이다.

노키아 타이어는 또 다른 사례다. 일행과 함께 핀란드에서 돌아온 알렉산더는 "예전에 없었던 사명감과 연대감을 갖고 왔습니다."라고 말했다. 태도와 믿음 면의 이런 변화는 다른 직원들에게도 퍼져나갔고 회사 전체 문화를 바꾸는 계기가 되었다. 알렉산더는 다음과 같이 말하기도 했다. "직원들은 안에서부터 완전히 달라져 저 없이도 무엇이든 하게 되었습니다. 일하는 모습, 행동하는 모습에서 큰 변화를 느낄 수 있습니다. 직원들은 주변을 더 깨끗하게 관리하기 시작했습니다. 불량이 줄어들었고 근태도 좋아졌습니다. 극적인 변화라 할 만합니다. 자신이 회사의 핵심이라고 느끼게 되자 고용된 직원이 아니라 마치 자기 사업을 하는 것처럼 행동하게 된 겁니다."

알렉산더는 상여금과 같은 외적 동기부여보다 목표의식 같은 내적 동기부여가 훨씬 강력하고 포괄적이며 저렴하다는 사실을 알게 되었다. 스스로 이야기와 목표를 만들게 하는 경험은 직원들의 탐색 시스템을 활성화하고 더 큰 열정을 느끼게 한다. 그리고 그 결과 직원들은 업무에 더 전념하게 된다. 다음 장에서도 보게 되겠지만 자신의 행동에 더 높은 수준의 해석을 결합할수록 어려움을 뚫고 그 행동을 유지하려는 의지가 커진다.

목적 창조는 쉬운 일인가?

참 멋진 이야기다. 그렇지 않은가? 목적의식이 돈 안 드는 동기부여라니 말이다! 하지만 경영학 서적에서 무언가에 대해 읽어서 아는 것과 그것을 실천하는 일은 전혀 다른 법이다. 목적의식의 경우에는 특히 그렇다.

목적의식은 개인적, 감정적이기 때문에 리더가 불어넣어주기 어렵다. 이를 유지하는 일은 더욱 어렵다. 심지어 이타적인 조직이라 해도 마찬가지다. 아이들보다는 학교 정책이나 방학에 더 관심이 많은 교사가 얼마나 많은가? 내가 함께 일해본 제약 회사, 병원, 세계 경제 포럼의 직원들 가운데에도 자기 직무가 생겨난 애초의 목적의식을 잃어버린 경우가 많았다. 보험 회사의 경우를 보자. 가족, 그리고 가장 귀중한 재산을 보호하는 것이 그 역할이다. 하지만 보험 업계의 직원들뿐 아니라 리더들조차 목적의식 없이 무심하게 일하는 상황이 많이 벌어진다. 이러니 다른 업계라면 더 말할 것도 없다.

자, 그럼 어떻게 해야 목적의식을 만들고 유지할 수 있을까? 방법은 많다. 하지만 성공하려면 두 가지가 필요하다. 직원들이 자신의 영향력을 목격하도록 하는 것, 그리고 왜 자기 업무가 필요한지 나름의 이야기를 만들도록 하는 것이다. 이 장에서는 첫 번째 방법을, 그리고 다음 장에서는 두 번째 방법을 다루겠다.

맞춤화된 목적의식으로
접근해야 한다

———

당신이 대학 기금 마련팀 콜센터의 관리자라고 해보자. 목표는 직원들이 근무시간 중에 돌리는 전화 횟수를 높이는 것이다. 그래야 더 많은 기부금이 모일 테니 말이다. 어떻게 해야 할까?

일단 기금 마련이란 설사 불우 학생을 위한 장학금 마련처럼 숭고한 목적이라 해도 반복적이고 지치는 일이라는 점을 기억해야 한다. 직원들은 정해진 각본을 따라가며 만난 적 없는 사람과 이야기를 나눠야 하고 대부분의 경우 거절하는 말을 들어야 한다. 수많은 실패를 경험해야 하는 것이다(성공률은 전화 열 통 중 한 통 정도다).

물론 보너스나 상품권 등으로 경쟁을 부추기는 방법을 쓸 수 있다. 스마트SMART 목표를 설정하고 성과를 측정할 수도 있다. 하지만 앞서 보았듯 이런 조치는 직원들이 잠재적 기부자와 의미 있는 대화를 나누기보다는 전화 횟수를 채우는 데 급급하도록 만든다. 가장 효과적인 방법이 아닌 것이다. 성공하려면 직원들의 탐색 시스템을 활성화하고 목적의식을 갖게끔 해야 한다.

4장에 소개한 소원성취 재단 연구를 이끈 애덤 그랜트는 기금 마련 담당자에 대해서도 연구를 진행했다. 그리고 그 결과는 여러 시사점을 주었다.

그랜트는 다양한 개입 방식을 고안했다. 첫 실험에서는 기금 마련 담당자를 세 집단으로 나누었다. 첫 번째 집단은 평소와 다름없이 업무를 수행했다. 두 번째 집단은 전화를 걸기에 앞서 회의실에 모여 관리자가 읽어주는 장학금 수혜 학생의 감사 편지 내용을 10분 동안 듣도록 했다.

마지막으로 세 번째 집단은 편지 낭독을 들은 후 직접 그 학생을 만나 감사 인사를 받았다. 직원들은 학생에게 질문도 던질 수 있었다. 어떤 수업을 듣고 있는지, 어떻게 장학금을 받게 되었는지, 졸업 후 어떤 진로를 계획하고 있는지 등에 대한 질문이 나왔다. 포옹이나 눈물은 없었다. 학생은 콜센터 직원들이 해준 일에 감사를 표하고 질문에 답했을 뿐이었다.

그랜트는 이후 4주 동안 이 세 집단의 통화량과 실적을 추적했다. 그리고 놀라운 결과가 나타났다. 세 번째 집단의 주당 통화 시간이 평균 142퍼센트 늘어났고 기금 실적은 171퍼센트나 높아진 것이다. 반면 장학생을 만나지 못한 첫 번째와 두 번째 집단의 실적에는 별다른 차이가 없었다. 장학생과 불과 몇 분 동안 만나 대화를 나눴던 일이 엄청난 변화를 만들어냈던 것이다![4]

놀라운가? 탐색 시스템에 대해 모른다면, 그리하여 산업혁명의 관점에서 관리 업무에 접근한다면 그럴 것이다. 그 관점에서 보면 최종 소비자와 이야기를 나누는 시간은 낭비에 불과하다. 그보다는 각본을 수

정하고 정교한 수행 측정 및 상벌 체계를 만들어 직원들을 잘 감시하는 편이 훨씬 효과적이다.

감정적 유대가 더 강한 목적의식을 만든다

반면 탐색 시스템 작동 방식을 알고 있다면 직원들의 열정과 실적이 자극되었다는 상황을 납득할 것이다.

그랜트는 노스캐롤라이나의 데이브 호프만Dave Hoffmann 교수와 함께 기금 마련 담당자 연구를 확대해 또 다른 지역의 콜센터 직원 전체 데이터를 확보했다. 이 연구에서도 마찬가지로 장학금 수혜자가 콜센터 직원들 앞에서 장학금이 얼마나 긍정적인 영향을 미쳤는지 설명하도록 했다.[5]

이어 내게 가장 흥미로운 부분이 등장한다. 그랜트와 호프만은 동일한 메시지를 리더가 전달하는, 다른 종류의 개입을 집어넣었다. 그 업무의 중요성에 대해, 소액의 기부가 얼마나 큰 차이를 만들어내고 대학생들에게 도움이 될 것인지에 대해 리더의 설명을 들은 집단을 포함시킨 것이다.

이 새로운 형태의 개입은 목적이 조직에서 전달되는 전형적 방식을 따른 것이다. 리더는 기업 목적을 전달하는 것이 자기 일이라 생각한다. 하지만 기금 마련 담당자 연구에서 이 방법은 썩 효과가 없었다. 리더가 조직의 목적을 설명했을 때 담당자들의 기금 확보 실적은 유의미한 증가를 보이지 못했다.

반면 장학생의 말은 그랜트의 첫 연구에서와 동일한 효과를 나타냈다. 학생의 감사 인사를 받은 기금 마련 담당자들은 대조 집단에 비해 훨씬 더 많은 돈을 모았다. 평균 9704달러 대 2459달러라는, 네 배에 육박하는 차이였다. 물론 다른 조건은 동일했다. 데이터베이스 변경, 전화기 교체, 벽 색깔 조정, 휴게실 게시판 설치 등의 다른 조치는 전혀 없었다.

장학생의 말이 이토록 엄청난 영향을 미친 것은 감정적인 유대가 만들어졌기 때문이다. 목적의 핵심이 바로 여기 있다. 탐색 시스템이 활성화되려면 느껴야 한다. 목적은 논리적이고 이성적인, 귀로 듣고 인지적으로 처리하는 무언가가 아니다. 그랜트와 호프만의 연구 결과는 기금 마련 담당자들의 탐색 시스템이 장학생의 감사한 마음을 느꼈을 때 활성화되었음을, 하지만 상사로부터 동일한 메시지가 전달될 때는 활성화되지 않았음을 보여준다. 상사가 말한 업무 목적이 논리적이고 이성적이긴 했어도 감정적으로 다가가 탐색 시스템을 활성화하지는 못했던 것이다.

업무의 목적을 그저 말해주는 것은 마치 좋은 책에 대해 말해주는 것과 같다. 아무리 좋다 해도 직접 읽고 경험하지 않은 한 그 책을 친구들에게 추천하는 일은 없을 것이다.

그렇다고 리더가 직원들에게 목적을 불어넣고 업무에서 더 많은 의미를 발견하도록 독려하는 일이 아예 불가능하다는 뜻은 아니다. 일단 직원들이 자기 영향력을 경험하도록 할 수만 있다면 가능하다. 내가 배운 대로 리더들 또한 직원들에게 맞춤화된 목적의식을 고려하며 접근해야 한다. 다음 이야기를 통해 설명해보자(결말은 다소 예상과 다를 것이다).

긍정적 자극인가,
비열한 책략인가

———

나는 세계 최대 제약 회사 중 하나인 호프만 라 로슈F. Hoffmann-La Roche AG (이하 로슈) 사 임원들에게 그랜트의 기금 마련 담당자 연구를 소개했다. 결과를 알려주자 한 여성이 깜짝 놀라면서 "저희한테도 바로 그런 일이 일어났어요! 작년에 있었던 일이죠."라고 외쳤다. 나는 구체적인 이야기를 들려달라고 부탁했다.

그 여성은 의료장비팀을 이끌고 있었는데, 공학보다는 화학 부문이 보다 유망하다고 생각하는 사내 사람들에게 가끔 괄시를 받곤 했다고 한다. 직원들은 맡은 업무에 완벽하게 전념하지 못했고 사기도 낮았다. 그러던 어느 날 이 여성이 고객 한 명을 모셔와 팀 직원들 앞에서 이야기를 하도록 했다.

당뇨병을 앓고 있어 매일 혈액 검사를 해야 하는 고객이었다. 피를 얼마나 뽑아야 할지 몰랐던 고객은 항상 손가락을 너무 깊이 찌르곤 했다. 고통도 고통이었지만 손가락이 엉망이 되는 것도 큰 문제였다. 한 손가락이 끝에서 마디 부분까지 온통 화끈거리고 감염까지 되는 상황이 되면 다음 손가락을 찔러야 했다. 상처를 감추기 위해 손을 엉덩이 아래 깔고 앉는 습관이 생겼고 결국 저녁 외식을 꺼리는 지경에까지 이르렀다.

이어 고객은 제약사에서 개발한 새로운 검사 장비 덕분에 자기 삶이 얼마나 달라졌는지 모른다고 말했다. 손가락 끝에 대고 한 번 눌러주면 고통이 거의 없고 상처도 없이 최소한의 검사용 혈액이 채취되었기 때문이다. 장비를 사용하면서 손도 치료되었고 당당하게 저녁 외식도 할 수 있게 되었다면서 "여러분이 제 인생을 바꿔주셨습니다."라고 감사를 표했다.

의료장비팀은 이 고객의 증언에 크게 감동했다고 한다. 이야기를 듣는 당시의 분위기도 매우 훈훈했을뿐더러 이후 몇 달 동안이나 직원들이 활기차게 더 열심히 일했다는 것이다. 팀의 창의성과 열정은 전에 없을 정도로 높아졌다.

나는 그 여성 임원이 경험담을 나눠준 것이 참으로 좋았다. 탐색 시스템을 활성화하는 목적의 힘에 신뢰도를 크게 높여주었기 때문이다. 그랜트의 기금 마련 담당자 연구 결과가 전혀 다른 업계에서 동일하게 확인된 셈이기도 했다. 그렇게 설명하고 있는데 다른 쪽의 임원도 손을 들었다.

"맞아, 그딴 식으로 끌어가는 일을 나도 당해보았소."

전혀 예상하지 못했던 냉소적인 말투였다. 완전히 다른 시각을 접하게 될 기회였다. 그가 말을 이었다. "분기 순익이니 선적 목표 달성밖에 모르는 상사가 있었습니다. 그 사람이 런던비즈니스스쿨에 가서 당신 말을 듣기라도 했는지 어느 날 우리 주간 회의 때 환자를 한 사람 끌고 와서는 약을 먹고 어떻게 목숨을 건졌는지 말하게 하더군요. 우리 감정까지 조종해 더 열심히 일하게 만들려 하는 것이 아니오? 그것도 환자를 이용해서 말이지. 비열한 짓이에요."

나는 그날 많은 것을 배웠다. 리더가 무엇을 하는가도 중요하지만 왜 하는가 또한 중요한 것이다. 목적의식을 높이기 위해 직원들을 고객과 만나게 한다는 똑같은 방법을 동원해도 직원들이 그 방법 동원의 이유를 어떻게 보는가에 따라 긍정적 자극이 될 수도, 조종하려는 책략이 될 수도 있다. 그랜트의 기금 마련 담당자 연구에서 상사가 장학생의 감사를 전했을 때 효과가 없었던 이유도 거기 있었을 것이다.

리더도 진정성 있는 목적의식을 가져야 한다

목적을 심어주려는 리더의 노력이 진정성 있게 받아들여진다면 긍정적 효과가 나타난다. 직원들이 자기 업무 활동의 목적을 경험하고 탐색 시스템을 작동시키는 것이다. 하지만 리더가 그저 직원을 더 착취하려고 새로운 수단을 강구하는 것이라 해석되는 경우 동일한 행사는 역효과만 불러온다. 직원들은 조종당한다고 느끼며 불쾌해하고 동기는 더욱 저하된다. 자기 뱃속만 채우려는 리더가 자신들의 감정까지 이용한다고 직원들이 느낄 때 '목적 전술'은 처참하게 실패한다. 냉소적인 임원은 이를 '비열한 책략'이라고 표현했다.

당시 내게 그 경험은 충격적이었지만 지금 돌이켜보면 그렇게 놀랄 만한 일도 아니었다. 우리 업무에 대단한 목적이 있다고 리더가 우리를 설득하려 할 때 그 리더의 과거 행동이 그 목적과 부합하지 않는다면 의도를 의심하게 된다. 수백만 년 동안 진화해온 우리 감정은 아주 똑똑하기 때문이다. 속임수에 넘어가지 않고 상대의 진정성을 잘 평가한 선조들은 스스로를 잘 지켜 살아남고 후손에게 자원을 남겨줄 가능성이 평균적으로 더 높았다.[6]

따라서 우리가 효율적인 진정성 평가 능력을 진화시켰다고 볼 여지는 충분하다. 우리는 진심에 끌리고 거짓을 거부한다. 배탈을 일으키는 썩은 고기에 역겨움을 느끼도록 진화했듯 우리를 조종하려는 속임수에도 역겨움을 느끼도록 진화한 것이다.

업무에서 목적을 경험하도록 하는데 돈이 많이 들어가지는 않는다. 하지만 창의성과 리더십 마음가짐이 필요하다. 리더는 1) 어째서 목적이 중요한지 이해해야 하고 2) 직원들이 목적의식을 경험하도록 할 때 스스로도 목적의식을 가져야 한다.

9장에서는 업무의 목적과 의미에 대해 직원들이 이야기를 만들도록 한 기법을 살펴보려 한다. 업무 행동에 대한 이야기가 '어떻게 일하는가'부터 '왜 일하는가'에 이르기까지 다양하다는 점이 드러날 것이다. 목적을 맞춤화하려는 리더들의 노력은 변화를 만들어낸다.

9

리더는 직원들이 의미를
찾을 수 있도록 도와야 한다

리더는 카드패를 돌리듯 목적을 나눠줄 수 없다.
연간 보고서에 목표를 써놓고 이를 통해
직원들의 탐색 시스템이 활성화되기를 기대할 수도 없다.
목적의식은 스스로 자기 행동에 부여하는 의미의 결과물이기 때문이다.
지금 하는 일을 도대체 왜 하는 것이라 생각하는지가 중요하다.

나는 '왜'
이 일을 하고 있는가

━━━

18년 동안 네덜란드 라보 은행Rabobank 임원을 지낸 릭 가렐프스Rick Garrelfs는 잠재력 높은 직원들이 자기 업무의 의미를 이해하도록 도와준 경험담을 말해주었다. 컨설팅 회사와 협업한 행사였다. 가렐프스는 선발된 직원 60명에게 새벽 다섯 시까지 에인트호벤 중앙역에 모이라고 전달했다. 추가 설명은 없었다. 당연히 직원들은 궁금함과 우려를 전했다. "새벽 다섯 시에는 기차가 다니지 않는데요."라거나 "집이 멀어서 호텔에서 묵어야 합니다."와 같은 항의 전화도 걸려왔다. 주관팀은 "알겠습니다."라고만 답할 뿐 설명을 해주지 않았다.

새벽 네 시 반부터 직원들이 모이기 시작했다. 카페가 열려 있어 커피와 빵을 먹을 수 있었다. 다섯 시 15분. 가렐프스가 앞장서 역 밖으로 나가더니 대기하고 있던 버스에 올라탔다. 어둠 속을 30분 동안 달린 후 모두 버스에서 내려 벌판을 걷기 시작했다. 가렐프스가 제일 앞에서 플래시 불을 밝혔고 제일 뒤에 선 컨설팅 회사 직원도 불빛을 비춰주었다.

30분쯤 걸어가니 나무가 늘어선 곳에 이르렀다. 촛불을 든 남자 하나가 서 있었다. 무리가 주변에 둘러서자 여전히 어두운 가운데 남자가

19세기 말 네덜란드 남부 농민들의 상황에 대해 말하기 시작했다. 매일 빈곤과 굶주림에 시달리며 힘겹게 생존해야 했던 이야기 말이다. 성직자였던 게를라쿠스 판 덴 엘센 Gerlacus van den Elsen 이 농부들을 모아 필요한 사람에게 돈을 빌려주도록 한 과정도 설명했다.

남자의 말이 이어지는 동안 천천히 해가 떠올라 주변이 밝아졌다. 남자는 다름 아닌 라보 은행의 업무총괄이사 베르트 메르텐스 Bert Mertens 였다. 그는 은행의 기본 정신을 보여주는 '양심'처럼 보였다. 핵심 메시지는 이러했다. 라보 은행은 농부들의 비참한 삶을 돕기 위해 출발했고 이를 절대 잊지 말아야 한다는 것이다. 메르텐스는 7장에서 보았던 스탠다드차타드 은행의 최정규처럼 섬기는 리더십을 진정으로 믿는 사람이었다.[1]

메르텐스는 일행을 인도해 한 농부의 집으로 갔다. 그곳에서 라보 은행의 오랜 고객인 농부들이 아침 식사를 대접했다. 농부들은 오늘날의 농장 경영에 대해, 중간 규모 농업 유지의 어려움에 대해, 수지를 맞추려는 노력에 대해 설명했다.

이는 프로그램 첫날 시작 행사였을 뿐이지만 참여 직원들은 몇 년 동안이나 그 특별한 순간을 자주 언급했다. 라보 은행의 의미를 이해하게 된 가장 중요한 경험이었다는 것이다.

리더가 회의석에서 은행과 농부들의 연계를 설명하는 일도 얼마든지 가능하다. 논리적이고 전략적인 접근이다. 화면에 농장 사진을 띄워 보여줄 수도 있을 것이다. 하지만 개인적 경험은 전혀 다른 차원이다. 직접 벌판을 걷고 이른 아침의 자연과 만나고 농부 고객들과 식사를 하며 대화하는 일 말이다. 그 직접적 체험이 은행원들의 업무가 왜 필요한지 설명하는 데, 신입 직원들이 각자의 목적 이야기를 만드는 데 어떤 영향을 미쳤을지 상상해보라. 그 목적의식은 직원들이 라보 은행의 목적과 부합하는 의사결정을 하도록 돕고 더 나아가 자기 업무를 가치 있는 것으로 바라보게 해준다.

'어떻게'보다 '왜'가 더 강력하다

8장의 로슈 사 사례에서 보았듯 목적으로 직원들의 탐색 시스템을 활성화하는 일은 복잡할 수 있다. 리더는 카드패를 돌리듯 목적을 나눠줄 수 없다. 연간 보고서에 목표를 써놓고 이를 통해 직원들의 탐색 시스템이 활성화되기를 기대할 수도 없다. 목적의식은 스스로 자기 행동에 부여하는 의미의 결과물이기 때문이다. 지금 하는 일을 도대체 왜 하는 것이라 생각하는지가 중요하다.

예를 들어 독자인 당신은 지금 하고 있는 일에 대해 어떻게 생각하는가? 가장 중요한 일이 아니라 해도, 마음에 다른 데 팔려 있다 해도 늘 대답은 있다. 자신이 하는 일에 대해 어떻게 생각하는가에 대한 이야기는 항상 우리 두뇌 속에 자리 잡고 있기 때문이다.[2]

예를 들어 "눈동자를 움직이고 있습니다."라고 정직하게 대답했다고 하자. 이 책을 읽고 있다면 맞는 말이다. 정말로 눈동자가 움직이고 있으니까. 물론 신체적 동작을 중심으로 이런 대답을 하는 사람은 많지 않을 것이다. 이런 대답을 심리학자들은 '낮은 수준의 해석'이라 부른다. 우리 행동의 요소, 물리적 신체를 움직이는 방법에 집중하는 것이 낮은 수준의 해석이다.[3] 이는 기금 마련 담당자들이 "전화통화를 하고 있어요."라고 대답하는 것에 해당한다. 물리적으로 관찰 가능한 신체의 움직임을 보고하는 것이다. 이런 유형의 답변은 왜 지금 하는 일을 하는지에 대해 높은 수준의 장기적 해석을 포함하지 못한다.

"책을 읽고 있습니다."라고 대답한다면 어떨까? 이제 핵심은 물리적 신체로부터 목적을 지닌 행동으로 옮겨졌다. 한 페이지씩 읽어나가면서 눈동자가 움직이는 것은 사실이지만 거기에는 독서라는 한층 큰 무언가가 존재하는 것이다. "책을 읽고 있습니다."라는 답변은 외적, 물리적 신체만을 다루지 않는다. 두뇌의 존재, 새로운 정보가 처리되는 이유가 포함된다. 인지적 요소와 이유를 찾으려는 시도가 등장한다. 기금 마련 담당자들이라면 여기 해당하는 대답이 "사람들이 기부금을 내게끔 시도하는 중입니다."일 것이다.

하지만 독서의 이유도 여러 가지다. "내일 수업 때까지 읽어 오라는 과제가 있어서 읽는 중입니다."라는 대답이 나왔다고 하자. 숙제 이야기는 높은 차원의 해석이다. 두뇌에 초점을 맞추고 개인적 의미, 혹은 마음의 상태를 반영한다. 이 이야기에는 방법뿐 아니라 이유가 존재한다. 수업 준비와 과제를 위한 읽기라면 "경영학 석사 학위를 받기 위해 읽고 있습니다."라는 이야기도 등장할 수 있다.

경영학 석사 학위를 받으려는 진짜 이유가 금융을 공부해 기업 가치 평가 방법을 익히는 것이라면 어떨까? 이 경우 목적이 어떻게 작동하는지 이해하는 것은 그 개인에게 별 의미가 없다. "기업 행동에 대한 이 부분이 빌어먹을 시험에 출제된다고 해서 읽고 있습니다."가 보다 현실적인 대답일지 모른다. 이 이야기는 개인에게 많은 것을 요구하지 않는다. 진짜 믿음과 행동을 전혀 변화시키지 못할 것이다. 그리고 이 상황에서 독서 행동에 전념하는 정도도 낮을 것이다. 더 나은 대안이 나타난다면, 예를 들어 친구와 술집에 갈 일이 생긴다면 바로 중단할 가능성이 높다.

자기 회사 직원들의 헌신과 창의성을 높이고 싶어 경영학 석사 학위를 받으려는 사람이 있다면 어떨까. 그 사람이 지금 이 부분을 읽고 있고 무엇을 하고 있느냐는 질문에 답한다면 "사람들이 직장에서 더 활기찬 모습이 되도록 돕는 방법을 공부하는 중입니다."라고 말할 수 있다.

학습에 초점을 맞춘 이 대답은 이 사람이 책의 내용을 기존에 머릿속에 갖고 있던 생각과 비교하고 있음을, 그리하여 새로운 정보의 선택 여부를 결정하고 있음을 뜻한다. 이 이야기에는 보다 더 적극적인 과정이 포함된다. 오래 간직해온 생각을 검토하겠다는 개방성, 호기심과 기대감 같은 감정이 존재한다. 남들에게 긍정적인 영향을 미치는 방법을 찾겠다는 의도는 단순한 학습 차원을 넘어선다. 이 독자는 남들이 직장 업무에 전념하도록 돕기 위해 책을 읽는 중이다.

이 이야기에서 '왜'는 매우 강력하다. '어떻게'는 상대적으로 중요성이 떨어진다. 매우 높은 수준의 해석이 이루어지는 이야기를 바탕으로 이 사람은 독서에 전념할 동기를 얻고 적극적으로 학습에 빠져들 것이다. 개념이 어렵게 느껴지더라도, 술집에 갈 기회가 생기더라도 아랑곳하지 않고 말이다.

스스로 선택한
자기 이야기의 힘

────

가장 중요한 점은 앞에 제시한 모든 대답이 정답일 수 있다는 것이다. 이 책을 읽으면서 당신이 무엇을 하고 있는가는 스스로 결정할 문제다. 수학 시험을 앞두고 생리적 반응을 해석하면서 자신에게 "긴장했나 봐."라고 말하는 것처럼 우리는 자기 행동에 대한 해석을 만들어낸다. 행동은 자신에게 무엇을 의미하는가? 그 행동을 하는 이유는 무엇인가?[4]

캔디스 빌럽스Candice Billups의 예를 들어보자. 그는 미시건대학교 암센터에서 30년 넘도록 청소와 관리 담당으로 일해온 직원이다.[5] 그의 일상적 과업은 썩 매력적으로 보이지 않는다. 사회적으로도 미숙련 업종, 3D 업종으로 분류된다.[6] 바닥을 닦고 화장실 물비누 통을 채우는 일이 반복되는 일이다.

하지만 그는 자기 업무를 전혀 다르게 해석한다. "전 환자를 위해 여기 있는 겁니다. 환자 가족들과 맺는 관계는 제게 정말 중요해요. 전 제가 암센터에 긍정적인 힘을 불어넣는다고 생각합니다."[7] 반복적인 업무보다는 (어려움을 겪는 환자들을 돕는다는) 의미 측면에서 자기 일의 이유를 찾은 것이다. 물론 양 측면 모두가 진실이다. 다만 우리는 어느 한쪽에만 치중하는 경향이 있다. 행동은 이야기를 따라가는 법이고 그는 환자와 그 가족이 필요로 하는 바를 아는 데 초점을 맞추었다. 그리고 힘들어도 미소 짓도록 하는 긍정적 태도를 전파했다. 병원을 보다 인간적인 공간으로 만든 것이다. 빌럽스는 다음과 같이 말한다.

"매일 미소를 띠려고 노력합니다. 집이나 직장에서 어떤 일이 있든 말입니다. 그런 저를 보면 환자도 마주 웃게 되지요. 다들 몸이 아파서 온 사람들입니다. 찌푸리거나 불만스러운 얼굴, 서로 싸우는 모습을 보고 싶은 생각은 전혀 없지요. 그래서 저는 늘 미소 지으려 합니다."

자기 업무의 목적을 의미 있고 인간적인 것으로 프레이밍함으로써 빌럽스는 다른 차원의 에너지를 자기 업무에 부여했고 (환자와 친밀한 관계가 되는 등의 추가 업무까지) 행동 범위를 확장했다.

한동안 나는 화학치료에 대해 이야기를 만들어야 하는 입장에 처했다. 6개월 동안 매주 림프종 화학치료를 받았던 것이다. 첫 치료 때 나는 스스로에게 독성 이야기를 했다. 화학치료가 독성을 지닌다는 것은 사실이다. 피부에 닿으면 화상을 입을 정도다. 그런데도 나는 의료진이 그 독성 물질을 내 몸 안에 주사하도록 하고 있었다. 불안, 두려움, 역겨움 등 강한 부정적 감정이 나를 사로잡았다. 약물이 들어가는 동안 나는 극심한 공포와 맞서 싸웠다. 가슴 부위가 차가워졌고 입에서 쓴맛이 났다.

돌이켜보면 나는 스스로 만든 독성 이야기 때문에 화학치료에 맞서 싸워야 한다고 느꼈던 것이다. 병원에 가는 날이 오면 침대에서 일어나기도 힘들었다. 대학병원의 암센터로 걸어 들어가면서 당장 도망가고 싶은 마음을 억눌러야 했다. 그런 감정 상태에서는 글을 쓰기도, 창의성을 발휘하기도 어려웠다. 컴퓨터를 갖고 다녔고 그 시간 동안 글을 쓰지 못할 논리적 이유는 전혀 없었다. 하지만 화학치료가 느릿느릿 진행되는 기간 내내 집중할 수 없었고 작업에 진전도 없었다. 세 시간이 끝나갈 때면 나는 녹초가 되는 기분이었다.

담당 의사인 리 버코비츠Lee Berkowitz 는 내가 다른 이야기를 만들어 내도록 도와주었다. 그 약을 쓸 수 있는 게 얼마나 행운인지 알려준 것이다. 화학치료는 내가 태어나던 해 개발되었고 호지킨 림프종 치료는 1980년까지도 별 방법을 찾지 못했다. 10년만 일찍 태어났다면 나는 생명이 몸에서 빠져나가는 모습을 속수무책으로 바라봐야 했을 것이다. 의사의 설명을 듣고 나자 많은 것이 바뀌었다. 똑같은 화학치료였지만 이제는 그 치료 덕분에 아이들이 성장하는 모습을 볼 수 있게 되었다는 측면에 초점을 맞추게 되었다. 물론 여전히 즐거운 일은 아니었다. 하지만 감사와 희망의 마음을 갖게 되었다.

상황은 어떻게 인식하느냐에 따라 다르게 전개된다

8장에 소개한 애덤 그랜트의 기금 마련 담당자 연구와 로슈 사 사례에서 그랬듯 내 상황에서도 실제로 달라진 것은 없었다. 동일한 치료실에서 동일한 주사제가 내 몸 안에 흘러들어가고 있었다. 하지만 새로운 이야기를 통해 화학치료 시간은 저항하고 싶은 고통이 아닌, 받아들여야 하는 유익한 도움으로 바뀌었다. 부정에서 긍정으로 감정이 전환되자 인내심과 에너지도 훨씬 커졌다. 나는 치료 시간 동안 책 집필 작업을 했고 큰 진전을 보았다. 우리가 만들고 스스로에게 해주는 이야기는 우리 행동에, 더 나아가서 우리가 만드는 결과에 커다란 영향을 미친다.[8]

1장에 소개했던 UCLA 의학 교수 스티브 콜도 이야기의 힘을 활용해 어린이 환자들의 화학치료를 돕는 비디오 게임을 만들었다.[9] 만성 질환을 앓는 어린이들의 건강과 복지를 증진하는 단체 호프랩HopeLab 의 연구 부소장으로 한 일이었다. 게이머는 나노봇 조종사가 되어 암 환자의 몸속에 들어가 암세포를 파괴하고 박테리아를 박멸한 후 부작용 치료까지 담당했다.[10] 콜은 "이 비디오 게임은 화학치료를 암에 맞서 싸우는 무기로 다시 바라보게 해주었습니다. 화학치료가 암의 일부로(그리하여 정상적으로 건강한 사람에게는 존재하지 말아야 할 것으로) 받아들여지는 데서 벗어나 암과 싸우는 내 편으로 인식되도록 한다는 목표가 달성된 것입니다."라고 설명했다.

잘 설계된 여러 연구들은 다름 아닌 바로 이 비디오 게임이 환자에게 내적 동기부여와 연관된 중간변연mesolimbic 신경회로를 활성화한다고 밝혔다.[11] 그렇다. 비디오 게임의 이야기를 개인적인 의미와 목적을 지닌 것으로 만들어줌으로써 콜 연구팀은 어린이들의 탐색 시스템을 활성화한 것이다. 1장에서 보았던 월드 오브 워크래프트 게임처럼 말이다. 콜은 "내적 동기부여 과정이 유전자 표현과 세포 기능에 어떤 영향을 미치는지 우리는 이제 겨우 파악하기 시작한 단계입니다."라고 내게 말해주었다.

행동의 이유가 있는 사람은
인내하고 맞설 수 있다

───

우리가 스스로에게 하는 이야기에 있어서 '어떻게'보다는 '왜'가 더 강력하다. 철학 연구와 실증적 연구 모두에서 해석의 차원이 높으면 높을수록 어려운 상황에서도 그 행동을 유지하게 된다는 결과가 나왔다. 예를 들어 7킬로그램을 감량하려 한다고 해보자. 건강을 위해 의사가 감량을 권고한 것이다. 힘겨운 감량 노력을 지속할 수 있도록 해주는 '왜' 이야기는 어떻게 만들 수 있을까?

다이어트 나흘째, 건강에 좋은 샐러드와 피자 사이에서 선택해야 하는 상황이다. 낮은 수준의 해석이라면 몸이 어떻게 느끼고 있는지에 초점을 맞출 것이다. 배가 등가죽에 달라붙는 것 같은 허기와 심리적 고통이 부각된다. 이때 샐러드 쪽을 바라보면 참으로 보잘것없게 느껴지는데, 와튼스쿨의 캐서린 밀크먼Katherine Milkman 교수와 그 동료들은 이를 다음과 같이 설명한다. "낮은 수준의 샐러드 해석은 그 맛, 그리고 이후의 허기에 초점을 맞추게 한다."[12] 이처럼 왜 먹는가의 이야기가 현재의 몸 상태에 집중되면 당장의 욕구를 채울 수 없는 채소를 포기하고 피자로 갈 가능성이 높다. 다이어트를 시도하는 사람들 대부분이 이렇게 실패하고 만다.

하지만 왜 먹는가 하는 높은 수준의 해석으로 간다면 건강과 체중 감량이라는 장기적 목표에 초점을 맞출 수 있다. 체중을 늘리고 심장 부담을 높이는 음식을 몸속에 넣을 이유가 무엇인지 스스로에게 반문하게 된다. 이에 대해 밀크먼은 "샐러드에 대한 높은 수준의 해석은 건강에 유익하고 수명을 연장시킬 수 있다는 점을 부각시킨다."라고 설명한다.[13]

먹는 것에 대해 스스로 만든 이 이야기는 행동을 변화시키고 결국 피자가 아닌 샐러드를 선택할 가능성을 높인다. 20분 후 뱃속의 꼬르륵 소리가 멈추고 허기가 가라앉았을 때 죄책감 대신 자부심이 찾아올 것이다. 프리드리히 니체가 말했듯 "살 이유가 있는 사람은 그 무엇이든 견뎌낼 수 있다."[14]

이렇듯 우리 행동의 이유를 알고 믿을 수 있다면 힘들더라도 인내하고 맞설 수 있다. 8장에서 소개한 기금 마련 담당자들의 행동이 이를 잘 보여준다. 장학생의 감사한 마음을 느꼈을 때 이들은 업무의 이유를 되새기게 되었고 자기 이야기를 바꿀 수 있었다. 물리적 행동(전화 걸기)보다는 행동의 이유(학생들이 대학에서 공부하도록 도와주기)에 더 초점을 맞추게 되면서 기부 거절 통화라는 상황을 더 잘 버텨내게 되었다.

운동은 해석이 얼마나 중요한 역할을 하는지 잘 보여주는 또 다른 예다. 운동을 시작할 때와 중단할 때 많은 이들이 이를 경험한다. 언덕을 달려 올라가며 힘들어지기 시작하는 순간을 떠올려보자. 심장박동이 140이나 150으로 올라가면서 생기는 현상이다. 애를 쓰면서 스스로에게 "정말로 이걸 꼭 해야 해? 이게 정말 원하는 거야?"라는 질문을 던질 수 있다. 그 힘듦에 대한 신호를 '고통'으로 해석하는 일은 충분히 가능하다.

하지만 무엇을 한다고 생각하는지에 따라 달라진다. 낮은 수준의 해석을 사용해 신체와 신체적 느낌에 초점을 맞춘다면 운동은 '다리 움직이기'가 될 수 있다. 이렇게 보는 경우 힘들어지면 달리기를 멈추고 걸어 올라가는 것이 당연하다. 어째서 고생을 해야 한다는 말인가? 다리를 움직인다는 해석에는 이에 대한 답이 없다. 얻는 것 없이 고통뿐이다. 그런 데다가 하루가 각종 회의와 의무로 채워지기 시작하면 바로 영향을 받는다. 운동하는 시간 45분을 내기가 점점 어려워지면서 결국 운동은 일과에서 사라져버린다.

반면 당신의 이야기 속에서 운동이 '엔돌핀으로 하루를 더 신나게 만드는 일'이라면 어떨까? 엔돌핀은 운동 중에 몸에서 분비되는 화학물질로 긍정적인 감정을 자극한다. 이런 이야기가 있다면 심장박동이 힘들어진다 해도 조금 더 지속할 수 있게 된다. 심장박동이 보내는 신호를 달리 해석하기 때문이다. 힘들기는 하지만 이는 운동이 효과를 거두고 있다는 신호, 빨라진 심장박동이 엔돌핀 분비로 이어져 성취감을 안겨준다는 기분 좋은 신호다. 원하는 곳으로 나아가고 있다는 신호이기도 하다.

나는 지금 '무엇'을 하고 있는가?

여기서 핵심은 먹는 이유나 운동하는 이유에 대한 이야기를 바꿔야 한다는 데 있지 않다(물론 엔돌핀은 삶을 더 좋게 만들어주는 합법적인 공짜 약물이지만 말이다). 자신이 무엇을 하고 있는지 스스로에게 해주는 이야기에 따라 동일한 행동과 상황이 전혀 다른 의미를 지닐 수 있다는 점이 중요한 것이다. 개인적 경험과 자기 영향력에 대한 해석을 바탕으로 더 의미 있는 이야기를 선택하는 경우 탐색 시스템이 활성화되고 행동의 동기, 지속력, 어려움 앞에서의 회복탄력성이 긍정적인 방향으로 변화한다.

리더로서 직원들이 자신의 영향력을 확인하게 되는 목적 경험을 만들어주고 싶다면 탐색 시스템을 활성화해야 한다. 목적과 관련해서는 진실성이 중요하므로 리더인 당신은 창의성과 용기를 발휘해 직원들이 업무 영향력을 확인할 수 있는 직접적인 몰입 경험을 제공해야 한다. 목적을 불어넣으려 하기보다 목적 자체를 경험하도록 해야 하는 것이다.

맞춤화된 목적을 만드는 것 또한 중요하다. 업무의 의미에 대한 이야기를 바꾸게 될 때는 감정이 논리를 압도하기 때문이다. 논리적이고 이성적으로 보자면 노키아가 직원들의 업무 몰입을 높이고자 했을 때 겨울용 타이어가 얼마나 멋진 제품인지 설명한 뒤 1000유로씩을 나눠주는 것이 더 타당했을 것이다. 생산 직원들은 현금을 받는 것이 더 좋다고 말할 수도 있다. 하지만 그 현금이 업무에 대한 이야기를 바꾸어 종일 하는 일에 목적을 부여하는 중요한 인생 경험에 쓰일 가능성은 극히 낮다.

핵심은 목적 경험을 창의적으로 치밀하고 유의미하게 만들어야 한다는 데 있다. 몇 가지 사례를 더 살펴보자.

리더는 리더로서
무엇을 해야 하는가

———

세계 최대 소프트웨어 기업 SAS의 대표이사 제임스 굿나잇 James Goodnight 은 내게 충격적인 제안을 한 적이 있다. 사실 아이디어는 단순했다. 소프트웨어 엔지니어를 고객의 업무 현장에 파견하는 것이었다. 예를 들어 소프트웨어 디자이너가 매년 일주일 동안 뱅크 오브 아메리카 Bank of America 로 가서 고객의 업무를 도와주고 그 고객이 당면한 문제를 파악하며 해결을 시도하게 한다는 것이다.

이를 통해 프로그래머는 고객이 소프트웨어의 어떤 기능을 사용하고, 또 사용하지 않는지 확인할 기회를 얻는다. 예를 들어 고객이 데이터를 엑셀로 보내 그래프를 만드는 모습을 관찰할 수도 있다. 그래프 기능은 SAS 소프트웨어에도 있는데 말이다. 이런 고객의 행동은 SAS 소프트웨어의 그래프 작성 기능이 너무 어렵거나 눈에 띄지 않는다는 점을 알려준다. 프로그래머가 고객이 현재 제품을 어떻게 사용하고 있는지 확인하는 것에 더해 향후의 보완 및 개선 방향까지도 생각할 수 있는 것이다.

단기적인 것에 매달리지 마라

이런 식의 고객 몰입 경험을 두 가지 시각에서 살펴보자. 첫째, 효율성과 논리성을 중시하는 산업혁명적 시각에서 보자면 이는 터무니없이 무익한 정책이다. 급여가 높은 소프트웨어 엔지니어에게 매년 일주일씩 휴가를 준다는 말이 아닌가? 프로그래머가 프로그래밍을 하지 않는 기간에 월급을 주라고? 분명 대부분의 소프트웨어 회사는 이런 낭비를 선택하지 않을 것이다.

반면 탐색 시스템의 시각에서 본다면 어떨까? 혁신적인 정책이다. 직원들이 자기 업무 결과물을 직접적, 일차적으로 경험할 기회니 말이다. 직원들 자신이 남의 삶에 어떤 영향을 미치는지 나름의 이야기를 만들 수 있다. 자신의 영향력을 확인한 직원들은 탐색 시스템을 활성화하고 고객에게 더 잘 봉사해야겠다는 열정과 내적 동기부여를 얻는다. 목적 경험이 실제 프로그래밍 작업을 변화시키는 데서 더 나아가 프로그래밍 작업 자체를 인간적인 업무로 바꿔놓는 것이다. SAS는 질병을 치료하거나 아이들 교육에 관여하지 않는다. 하지만 자신이 남들에게 미치는 영향을 직접 목격한 직원들의 목적의식은 극적으로 높아진다. 발명, 실험, 시도가 권장되면서 탐색 시스템도 함께 작동한다.

직원들이 목적의식을 갖도록 돕는 데 필요한 비용은 얼마일까? 돈은 많이 들지 않는다. 대신 리더들이 무엇을 해야 하는가에 대한 새로운 관점의 이야기가 필요하다. 굿나잇은 "임원들은 수치 중심의 단기 경영에 지나치게 매달리고 있습니다. 단기적인 것만 보다 보면 연구 개발, 고객과의 관계, 다음 세대 교육 같은 장기적 기회를 인식하거나 키우기 어렵게 됩니다."라고 말한다.[15]

목표 맞춤화 연습

———

비엔나에서 로슈 사 이사들과 만났을 때 나는 장소가 마이크로소프트Microsoft의 멋진 사무실로 잡혔다는 데 놀랐다. 어째서 로슈 이사진이 마이크로소프트에서 모이냐고 물었더니 두 회사가 지난 3년 동안 매우 긴밀한 관계를 맺어왔다고 했다. 이 관계 발전은 앞에서 설명한 SAS와 비슷했다.

10년 전, 마이크로소프트는 표준화된 제품을 만들어 팔았다. 우리 모두가 그 제품을 사용했다. 이들 제품에 대해서도 고객 담당 관리자가 있긴 했지만 고객의 요구에 대해 아주 잘 파악할 필요는 없었다. 소프트웨어가 작동만 하면 그만이었다. 그러나 마이크로소프트 국가 담당인 도로시 리츠Dorothee Ritz 박사의 설명에 따르면 CEO 사티아 나델라Satya Nadella의 디지털 혁신 모델이 부가가치 창출에 대한 기존 개념을 완전히 바꿔놓았다고 한다. 연결성을 유지하기 위해 마이크로소프트는 고객의 특정 필요와 문제에 맞춤형 해결책을 제시해야 했다. 예를 들어 로슈 비즈니스 모델을 파악한 후 공급망에서 문제 되는 부분을 잡아주는 제품을 개발하는 식이었다.

과거에도 마이크로소프트 관리자들이 고객과 대화를 나누기는 했다. 하지만 새로운 모델에서 관리자들은 직접 현장에 나가 고객의 문제를 경험하고 해결책을 고안해야 한다. 리츠 박사도 이를 권장했다. 원격 데이터가 언제 어디서 필요한지 파악하기 위해 경찰관과 함께 길거리에서 한 주를 보내고 돌아온 직원도 있었다. 종이 없는 업무 환경이 실제로 어떤지 관찰하고 이해하기 위해 병원에서 이틀을 근무한 직원도 있었다.

리츠 박사는 이러한 몰입 경험이 엄청난 효과를 가져왔다고 말했다. 현장에 나갔다 돌아오는 직원들은 말 그대로 '빛이 났다'고 한다. 고객의 시선에서 바라볼 수 있게 된 것이다. 자기 업무의 이유를 목격함으로써 목적의식도 높아졌다. 고객의 요구를 직접 보고 온 직원들은 더 큰 열정과 에너지로 프로젝트를 진행했다.

모델 접목 실험 기간인 1년이 지난 후 리츠 박사는 보다 안정적인 방안을 마련했다. 자동차 제조업부터 시작해 소매업, 병원 등 여러 산업 분야에서 핵심 고객(다시 말해 파트너)을 선정했다. 이사부터 평사원에 이르는 마이크로소프트 직원 열다섯 명이 핵심 고객 기업에 가서 여러 직급의 사람들에게 "어떤 문제를 해결해야 하나요?"라는 질문을 던졌다. 정보통신과 관련된 문제뿐 아니라 전체적인 비즈니스 의사결정에 대해서도 이야기를 나누었다.

예를 들어 테슬라에 갔을 때는 마이크로소프트 제품이 아닌 테슬라의 발전 방향으로 대화를 시작했다고 한다. 테슬라가 목표로 하는 지점에 초점을 맞춘 것이다. 마이크로소프트는 자신들과 접목되는 지점을 찾았고 미래의 대화에 계속 참여하게 되는 성과를 올렸다. 하지만 한층 더 중요한 것은 테슬라의 관심사를 접하고 상황을 목격하면서 프로젝트의 방향을 보다 잘 이해하게 된 데 있었다.

리츠 박사는 관리자나 이사급에 비해 하급 직원들이 색다른 질문을 더 많이 던진다는 점도 발견했다. 이는 고객에게 마이크로소프트에 대한 신뢰감을 심어주었다. 소매업자와 만났을 때 엑스박스 게임기에 대해 잘 아는 한 하급 직원이 이 게임기와 관련된 근본적인 문제를 질문하기도 했다. 이후 매우 유익하고 실제적인 토론이 벌어졌고 회사로 돌아온 해당 팀은 그 문제 해결책 모색에 박차를 가하기 시작했다고 한다. 처음 질문했던 그 직원이 자기 자신의 영향력을 얼마나 크게 느꼈을지 상상해보라.

리츠 박사는 하급 직원들의 날카로운 질문과 다각적인 분석에 대해 들은 마이크로소프트 임원들이 "앞으로 그 직원을 팀 회의에 자주 참석시켜야겠습니다."라고 말했다고 전했다. 그러면서 파트너 기업의 문제 해결 맥락에서 서로를 알아가는 것이 팀의 결속력을 증진하는 차원에서도 줄다리기 경기나 사무실 토론보다 훨씬 유익하다고 덧붙였다.

마이크로소프트 직원들이 팀을 이루어 파트너 기업에 방문하는 이 과정은 강력한 목적의식을 만들어주었다. 로슈 사에서 그랬듯 이는 리츠 박사를 포함한 마이크로소프트 직원들이 로슈 사 임원 회의의 일원이 되도록 하는 신뢰 협력 관계를 구축했다.

목적 경험과 탐색 시스템

앞에서 소개한 목적 경험은 다음 여러 이유에서 성공적이었다. 우선 직원들이 자기 업무의 영향력을 일차적으로 확인할 수 있었다. 또한 새로운 아이디어를 개발하고 시도하도록 동기를 부여해 업무를 보다 의미 있게끔 만들어주었다. 그 결과 직원들은 무엇을 왜 하는지에 대해 더 심도 깊고 더 개인적인 이야기를 만들어내게 되었다.

이것이 목적의 힘이다. 탐색 시스템을 활성화하여 삶을 더 나은 것으로 만들어주는 것이다. 이 책 전반에 걸쳐 소개된 기업들 이야기에서 보았듯 말이다(그림6 참고). 직원들은 더 건강하고 더 오래 살게 된다. 이런 효과는 자신의 비즈니스 문제를 전달하고 도움을 받게 된 고객의 만족과 비교해도 그보다 더 중요한 것이다.

그림 6 목적 경험은 탐색 시스템을 활성화한다

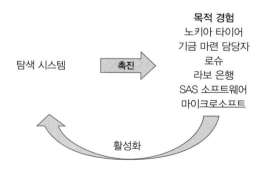

목적이 비즈니스와 결합되어 경제적 효과를 내는 것에 그치지 않고 강력한 인간적 결과까지 가져온다는 점을 보면 리더에게 주어진 과제는 달라진다. "어떻게 더 효율적으로 예측 가능하게 업무를 관리할 것인가?"에서 "팀원들이 직접 경험을 통해 업무의 의미를 각자 설정하도록 할 방법은 무엇인가?"로 바뀐다. 이는 새롭고도 강력한 사고의 전환이다. 직원들의 탐색 시스템을 차단하는 대신 활짝 펼치도록 할 기회다.

리더의 가장 중요한
책무에 관하여

———

마지막 연습을 할 차례다. 다음 칸에 조부모 네 분의 이름을 적어보라.

어머니의 어머니   **아버지의 어머니**

_____   _____

어머니의 아버지   **아버지의 아버지**

_____   _____

빈칸을 다 채울 수 있는 경우도, 그렇지 않은 경우도 있을 것이다. 부끄러워할 것은 없다. 이제 증조부모 여덟 분의 이름을 적어보라.

_____   _____

_____   _____

_____   _____

_____   _____

다 알지 못한다고 해서 마음 상할 필요는 없다. 단 한 분의 이름도 모르는 사람이 많으니까.

이것이 우리가 전통을 기억하는 방식이다. 자기 가족인데도 두 세대를 넘어가면 이름을 알지 못한다. 다른 예를 보자. 페니실린은 인류의 가장 위대한 발명품 중 하나다. 누가 페니실린을 발명했는지 아는가? 전기저항기를 발명한 사람은?

많은 리더들이 어떤 전통을 만들지 고민하며 시간을 보낸다. 하지만 실제로 가능한 것은 우리가 당장 오늘 서로에게 주는 긍정적 영향력이 전부다. 리더로서 우리는 뒤따르는 이들의 삶을 더 의미 있고 가치 있게 만들 기회를 갖고 있다. 그리고 이를 통한다면 회사 역시 더 큰 활기와 성과를 얻을 것이다. 목표는 회사 성과 차원을 훨씬 더 넘어서지만 말이다.

8장에서 등장한 목적을 강조하는 리더의 태도에 냉소를 보냈던 로슈사 임원을 기억하는가? 그의 리더처럼 스스로 열정이 없다면 남을 열정적으로 만들기는 극히 어렵다. 당신 자신이 진정으로 믿는 목적이 있어야 리더십도 성과를 거둔다. 그 목적은 직원들이 직장에서 보다 활기차게 생활하도록 하는 것, 직원들의 삶이 보다 살 만한 것이 되도록 하는 것 등이리라.

아무도 입 밖으로 꺼내 말하지 않지만 사실 리더는 종교 지도자와 비슷한 책무를 갖는다. 사람들이 자기 일과 삶에 대해 느끼는 목적에 직접적인 영향을 미치는 존재이기 때문이다. 그리고 이런 면에서 리더는 의사와도 비슷하다. 목적의식은 건강과 수명에 직접적으로 관련되니 말이다.

깨어 있는 시간의 대부분을 보내는 직장에서 사람들이 의미를 찾을 수 있도록 도와 건강하게 살게끔 한다는 역할을 받아들일 때 우리 자신의 삶에도 더 큰 의미와 건강이 찾아올 것이다.

혹은 최소한 우리 자신에게 해줄 이야기는 마련될 것이다.

당신도 그렇게 생각하는가?

[감사의 글]

가족의 도움이 없었다면 이 책은 나오지 못했을 것이다. 책 집필이 가능할 만큼 안정적인 생활 환경을 만들어준 앨리슨에게 감사한다. 또한 나를 교육시키고 새로운 것을 시도하라고 독려해주신 부모님께 감사한다.

이 책 집필과 출판 과정을 도와준 애덤 그랜트에게 감사한다.

책의 뼈대 잡는 과정을 도와준 팀 설리번, 케빈 에버스, 하버드비즈니스리뷰 출판팀에게 감사한다.

수년 동안 이 책을 위한 연구 작업을 함께 해준 잉그리드 윌스와 존 윌스, 그리고 이센틱Essentic 사의 친구들에게 감사한다.

마지막으로 업무 몰입이라는 개념을 이해하도록 도와준, 탐색 시스템이 활성화되었을 때 일과 삶이 어떻게 달라질 수 있는지 알려준 모든 기업인들과 MBA 과정 학생들에게도 고맙다.

프롤로그 기업은 혁신하는 직원을 간절히 필요로 한다

1) A. Adkins, "Majority of U.S. Employees Not Engaged Despite Gains in 2014," Gallup, January 28, 2015; S. Adams, "Unhappy Employees Outnumber Happy Ones by Two to One Worldwide," *Forbes,* October 10, 2013; M. Buckingham, D. O. Clifton, *Now, Discover Your Strengths* (New York: The Free Press, 2004).

2) J. Hagel et al., "Passion at Work," Deloitte Insights, October 7, 2014, https://dupress.deloitte.com/dup-us-en/topics/talent/worker-passionemployee-behavior.html.

3) J. Panksepp, *Affective Neuroscience: The Foundations of Human and Animal Emotions* (Oxford: Oxford University Press, 2005).

4) J. M. Dutcher et al., "Self-Affirmation Activates the Ventral Striatum: A Possible Reward-Related Mechanism for Self-Affirmation," *Psychological Science* 27, no. 4 (2016): 1–12.

5) M. J. Koepp et al., "Evidence for Striatal Dopamine Release During a Videogame," *Nature* 393 (1998): 266–268.

6) K. C. Berridge and T. E. Robinson, "What Is the Role of Dopamine in Reward: Hedonic Impact, Reward Learning, or Incentive Salience?" *Brain Research Reviews* 28 (1998): 309–369; T. Randin, *Animals Make Us Human: Creating the Best Life for Animals* (New York: Houghton Mifflin Harcourt, 2009).

7) C. Izard, "Basic Emotions, Natural Kinds, Emotion Schemas, and a New Paradigm," *Perspectives in Psychological Science* 2, no. 3 (September 2007): 260–280.

8) R. M. Nesse, "Fear and Fitness: An Evolutionary Analysis of Anxiety Disorders," *Ethology and Sociobiology* 15, no. 5 (1994): 247–261; B. Fredrickson, *Positivity* (New York: Random House, 2009).

9) M. E. P. Seligman et al., "Positive Psychology Progress: Empirical Validation of Interventions," *American Psychologist* 60 (2005): 410–421.

10) T. D. Wilson, *Strangers to Ourselves: Discovering the Adaptive Unconscious* (Cambridge, MA: Belknap Press of Harvard University Press, 2002).

11) Panksepp, *Affective Neuroscience.*

12) M. Fox, "Why Women Driven by Passion and Purpose Get Seats in Corporate Boardrooms," *Forbes,* December 22, 2016.

1. 탐색 시스템을 어떻게 활성화시킬 것인가

1) B. A. Nardi, *My Life as a Night Elf Priest: An Anthropological Account of World of Warcraft* (Ann Arbor, MI: University of Michigan Press, 2010).

2) J. S. Brown and D. Thomas, "You Play World of Warcraft? You're Hired!" *Wired,* April 1, 2006, http://www.wired.com/2006/04/learn/.

3) N. Doshi and L. McGregor, *Primed to Perform: How to Build the Highest Performing Cultures Through the Science of Total Motivation* (New York: Harper Collins, 2015).

4) L. F. Barrett et al., "Of Mice and Men: Natural Kinds of Emotion in the Mammalian Brain?" *Perspectives on Psychological Science* 3, no. 2 (September 2007): 297–312.

5) C. Izard, "Basic Emotions, Natural Kinds, Emotion Schemas, and a New Paradigm," *Perspectives in Psychological Science* 2, no. 3 (September 2007): 260–280.

6) J. Panksepp, *Affective Neuroscience: The Foundations of Human and Animal Emotions* (Oxford: Oxford University Press, 2005), 144.

7) S. Blakeslee, "Running Late? Researchers Blame Aging Brain," *New York Times,* March 24, 1998, www.nytimes.com/1998/03/24/science/running-late-researchers-blame-aging-brain.html?pagewanted=all.

8) Panksepp, *Affective Neuroscience,* 149.

9) C. Peterson et al., "Zest and Work," *Journal of Organizational Behavior* 30 (2009): 161–172; N. Park, C. Peterson, and M. E. P. Seligman, "Strengths of Character and Well-Being," *Journal of Social and Clinical Psychology* 23 (2004): 603–619.

10) A. W. Brooks, "Get Excited: Reappraising Pre-Performance Anxiety as Excitement," *Journal of Experimental Psychology: General* 143, no. 3 (2014): 1144–1158.

11) J. P. Jamieson et al., "Turning the Knots in Your Stomach into Bows: Reappraising Arousal Improves Performance on the GRE," *Journal of Experimental Social Psychology* 46 (2010): 208–212.

12) G. Ramirez and S. L. Beilock, "Writing about Testing Worries Boosts Exam Performance in the Classroom," *Science* 331 (2011): 211–213.

13) B. L. Fredrickson, "Positive Emotions Broaden and Build," in *Advances in Experimental Social Psychology*, vol. 47, ed. Patricia Devine and Ashby Plant (Burlington, MA: Academic Press, 2013), 1–53.

14) T. M. Jones, "Ethical Decision Making by Individuals in Organizations: An Issue-Contingent Model," *Academy of Management Review* 16, no. 2 (1991): 66–395.

15) J. Mendelson, "Ecological Modulation of Brain Stimulation Effects," *International Journal of Psychology* 2 (1972): 285–304.

16) J. S. Wright and J. Panksepp, "An Evolutionary Framework to Understand Foraging, Wanting, and Desire: The Neuropsychology of the SEEKING System," *Neuropsychoanalysis* 14, no. 1 (2012): 5–75.

17) Wright and Panksepp, "An Evolutionary Framework."

18) K. C. Berridge, T. E. Robinson, and J. W. Aldridge, "Dissecting Components of Reward: 'Liking,' 'Wanting,' and Learning," *Current Opinions in Pharmacology* 9 (2009): 65–73; E. Yoffe, "Seeking," Slate, August 12, 2009, http://www.slate.com/articles/health_and_science/science/2009/08/seeking.html; K. C. Berridge and T. E. Robinson, "What Is the Role of Dopamine in Reward: Hedonic Impact, Reward Learning, or Incentive Salience?" *Brain Research Reviews* 28 (1998): 309–369.

19) Yoffe, "Seeking."

20) A. H. Maslow, "A Theory of Human Motivation," *Psychological Review* 50 (1943): 370–396.

21) Wright and Panksepp, "An Evolutionary Framework."

22) R. Kraut, "Two Conceptions of Happiness," *Philosophical Review* 87 (1979): 167–196.

23) B. L. Fredrickson et al., "Psychological Well-Being and the Human Conserved Transcriptional Response to Adversity," *PLoS ONE* 10, no. 3 (2015): e0121839. doi:10.1371/journal.pone.0121839.

24) R. T. Howell, M. L. Kern, and S. Lyubomirsky, "Health Benefits: Meta-Analytically Determining the Impact of Well-Being on Objective Health Outcomes," *Health Psychology Review* 1 (2007): 83–136.

25) B. L. Fredrickson et al., "A Functional Genomic Perspective on Human Well-Being," *Proceedings of the National Academy of Sciences* 110, no. 33 (2013), www.pnas.org/cgi/doi/10.1073/pnas.1305419110; Fredrickson et al., "Psychological Well-Being"; S. W. Cole, "Human Social Genomics," *PLOS Genetics* 10 (2014), e1004601; S. Kitayama et al., "Cultural Sources of Personal Well-Being: Work, Meaning, and Gene Regulation," *Psychoneuroendocrinology* (2016).

26) E. E. Smith, "Meaning Is Healthier Than Happiness," *The Atlantic,* August 1, 2013, http://www.theatlantic.com/health/archive/2013/08/meaning-is-healthier-than-happiness/278250/.

27) Baumeister et al., "Some Key Differences between a Happy Life and a Meaningful Life," *Journal of Positive Psychology* 8, no. 6 (2013): 505–516; Smith, "Meaning Is Healthier Than Happiness."

28) Aristotle, *Nicomachean Ethics,* trans. T. Irwin (Indianapolis, IN: Hackett Publishing, 1985), 7.

29) D. Brown, *Happy: Why More or Less Everything Is Absolutely Fine* (London: Penguin, 1964), 52.

2. 조직은 왜 창의적인 사람을 처벌할까?

1) M. E. P. Seligman, "Learned Helplessness," *Annual Review of Medicine* 23 (1972): 407–412.

2) M. Konnikova, "Inspiring Torture," *New Yorker,* January 14, 2015.

3) L. Y. Abramson, M. E. P. Seligman, and J. D. Teasdale, "Learned Helplessness in Humans: Critique and Reformulation," *Journal of Abnormal Psychology* 87 (1978): 49–74.

4) "Model T," History.com, http://www.history.com/topics/model-t.

5) F. Taylor, *The Principles of Scientific Management* (New York: Harper & Brothers, 1910).

6) *Oxford Living Dictionaries,* s.v. "Management," https://en.oxforddictionaries.com/definition/management.

7) S. C. Motta et al., "Dissecting the Brain's Fear System Reveals the Hypothalamus Is Critical for Responding in Subordinate Conspecific Intruders," *Proceedings of the National Academy of Sciences* 106 (2008): 4870–4875. doi: 10.1073/pnas.0900939106.

8) D. Kahneman, *Thinking, Fast and Slow* (London: Penguin, 2012); G. de Becker, *The Gift of Fear: Survival Signals That Protect Us from Violence* (New York: Random House, 2000).

9) J. S. Wright and J. Panksepp, "An Evolutionary Framework to Understand Foraging, Wanting, and Desire: The Neuropsychology of the SEEKING System," *Neuropsychoanalysis* 14, no. 1 (2012): 5–75.

10) J. Panksepp, *Affective Neuroscience: The Foundations of Human and Animal Emotions* (Oxford: Oxford University Press, 2005).

11) Malcolm Gladwell discusses this in "Blame Game," *Revisionist History* (podcast), episode 8, http://revisionisthistory.com/episodes/08-blame-game.

12) R. F. Baumeister, "Bad Is Stronger Than Good," *Review of General Psychology* 5 (2001): 323–370; B. Fredrickson, *Positivity* (New York: Random House, 2009).

13) "Reaching 50 Million Users," infographic, Visually, https://visual.ly/community/infographic/technology/reaching-50-million-users.

14) B. Goncalves, N. Perra, and A. Vespignani, "Validation of Dunbar's Number in Twitter Conversations," *PLoS ONE* 6, no. 8 (2011): e22656.10.1371/journal.pone.0022656.

15) Y. N. Harari, *Sapiens: A Brief History of Humankind* (London: Random House, 2014).

16) Ibid.

17) J. G. March, "Exploration and Exploitation in Organizational Learning," *Organization Science* 2 (1991): 71–87.

18) Ibid.

19) A. Enayati, "Is There a Bias against Creativity?" *CNN*, March 28, 2012, http://www.cnn.com/2012/03/28/health/enayati-uncertainty/index.html.

20) B. M. Staw, "Why No One Really Wants Creativity," in *Creative Action in Organizations: Ivory Tower Visions and Real World Voices,* ed. C. Ford and D. A. Gioia (Thousand Oaks, CA: Sage Publications, 1995).

21) B. A. Hennessey and T. M. Amabile, "Creativity," *Annual Review of Psychology* 61 (2010): 569–598.

22) C. Nemeth, "Differential Contributions of Majority and Minority Influence," *Psychological Review* 93, no. 1 (1986): 23–32.

23) J. S. Mueller, S. Melwani, J. A. Goncalo, "The Bias Against Creativity: Why People Desire but Reject Creative Ideas," *Psychological Science* 3, no. 1 (2012).

24) M. Kilduff, "Deconstructing Organizations," *Academy of Management Review* 18 (1993): 13–31.

25) J. Goddard, "The Firm of the Future," *Business Strategy Review,* November 2016.

26) D. H. Pink, *Drive: The Surprising Truth About What Motivates Us* (Edinburgh: Canongate, 2010).

27) Valve, "Handbook for New Employees," http://www.valvesoftware.com/company/Valve_Handbook_LowRes.pdf.

28) C. Dijkmansa, P. Kerkhof, C. J. Beukeboom, "A Stage to Engage: Social Media Use and Corporate Reputation," *Tourism Management* 47 (2015): 58–67.

29) J. Mann, "KLM Shows How to Use Social Media During Ash Crisis, and Air France How Not To," Gartner Blog Network, April 18, 2010, https://blogs.gartner.com/jeffrey_mann/2010/04/18/ klm-shows-how-touse-social-media-during-ash-crisis-and-air-france-how-not-to/.

30) "KLM Sorry for Mexico Tweet after Dutch World Cup Win," BBC Newsbeat, June 30, 2014, http://www.bbc.co.uk/newsbeat/article/28086231/klm-sorry-for-mexico-tweet-after-dutch-world-cup-win.

31) Ibid.

32) A. Peveto, "KLM Surprise: How a Little Research Earned 1,000,000 Impressions on Twitter," *Digett,* January 11, 2011, http://www.digett.com/2011/01/11/ klm-surprise-how-little-research-earned-1000000-impressions-twitter#sthash.PFy4OPNp.dpuf.

33) "KLM: Surprise," YouTube video, posted by thecreativecriminals on February 7, 2011, http://www.youtube.com/watch?v=Sh-JRoY7_LU.

34) J. Koetsier, "KLM's 150 Social Media Customer Service Agents Generate $25M in Annual Revenue," *VentureBeat,* May 21, 2015, http://venturebeat.com/2015/05/21/klms-150-social-media-customer-serviceagents-generate-25m-in-annual-revenue/.

35) KLM, "KLM Wins Six Webby Awards," press release, April 26, 2017, http://news.klm.com/klm-wins-six-webby-awards/.

1) D. H. Gruenfeld et al., "Group Composition and Decision Making: How Member Familiarity and Information Distribution Affect Process and Performance," *Organizational Behavior and Human Decision Processes* 67 (1996): 1–15.

2) D. M. Cable and C. Parsons, "Socialization Tactics and Person-Organization Fit," *Personnel Psychology* 54 (2001): 1–22.

3) D. M. Cable, F. Gino, and B. Staats, "Breaking Them In or Eliciting Their Best? Reframing Socialization around Newcomers' Authentic Self-Expression," *Administrative Science Quarterly* 58 (2013): 1–36.

4) D. S. Yeager et al., "Breaking the Cycle of Mistrust: Wise Interventions to Provide Critical Feedback across the Racial Divide," *Journal of Experimental Psychology: General* 143, no. 2 (2014): 804–824. doi: 10.1037/a0033906.

5) L. M. Roberts et al., "Composing the Reflected Best-Self Portrait: Building Pathways for Becoming Extraordinary in Work Organizations," *Academy of Management Review* 30 (2005): 712–736.

6) D. L. Norton, *Personal Destinies: A Philosophy of Ethical Individualism* (Princeton, NJ: Princeton University Press, 1976).

7) B. L. Fredrickson, "Positive Emotions Broaden and Build," *Advances in Experimental Social Psychology* 47 (2013): 1–53.

8) F. G. Ashby and A. M. Isen, "A Neuropsychological Theory of Positive Affect and Its Influence on Cognition," *Psychological Review* 106 (1999): 529–550; J. D. Creswell et al., "Affirmation of Personal Values Buffers Neuroendocrine and Psychological Stress Responses." *Psychological Science* 16 (2005): 846–851.

9) Ibid.

10) J. M. Dutcher et al., "Self-Affirmation Activates the Ventral Striatum: A Possible Reward-Related Mechanism for Self-Affirmation," *Psychological Science* 27, no. 4 (2016): 1–12.

11) Roberts et al., "Composing the Reflected Best-Self Portrait."

12) P. F. Drucker, "Managing Oneself," *Harvard Business Review,* January 2005.

13) J. J. Lee, "Essays in Organizational Behavior" (PhD diss., Harvard University, 2017).

14) D. H. Gruenfeld et al., "Group Composition and Decision Making: How Member Familiarity and Information Distribution Affect Process and

Performance," *Organizational Behavior and Human Decision Processes* 67 (1996): 1–15.

15) G. M. Wittenbaum, A. P. Hubbell, and C. Zuckerman, "Mutual Enhancement: Toward an Understanding of the Collective Preference for Shared Information," *Journal of Personality and Social Psychology* 77 (1999): 967–978; and S. Chaiken and C. Stangor, "Attitudes and Attitude Change," *Annual Review of Psychology* 38 (1987): 575–630.

16) essentic.com이 활용되었다.

17) D. Whyte, *Crossing the Unknown Sea: Work as a Pilgrimage of Identity* (New York: Riverhead Books, 2001).

18) C. Harzer and W. Ruch, "When the Job Is a Calling: The Role of Applying One's Signature Strengths at Work," *Journal of Positive Psychology* 7 (2012): 362–371; A. S. Waterman, "Two Conceptions of Happiness: Contrasts of Personal Expressiveness (Eudaimonia) and Hedonic Enjoyment," *Journal of Personality and Social Psychology* (1993): 64, 678–691.

19) M. E. P. Seligman et al., "Positive Psychology Progress: Empirical Validation of Interventions," *American Psychologist* 60 (2005): 410–421.

20) Norton, *Personal Destinies.*

21) Whyte, *Crossing the Unknown Sea.*

4. 직장은 자기표현의 무대가 되어야 한다

1) A. Grant, J. Berg, and D. M. Cable, "Job Titles as Identity Badges: How Self-Reflective Titles Can Reduce Emotional Exhaustion," *Academy of Management Journal* 57 (2014): 1201–1225.

2) D. M. Cable, "Creative Job Titles Can Energize Workers," *Harvard Business Review,* May 2016, 24–25.

3) A. Edmondson, "Psychological Safety and Learning Behavior in Work Teams," *Administrative Science Quarterly* 44 (1999): 350–383.

4) R. S. Lazarus and S. Folkman, *Stress, Appraisal, and Coping* (New York: Springer, 1984).

5) T. Wujec, "Build a Tower, Build a Team," TED Talks, February 2010, https://www.ted.com/talks/tom_wujec_build_a_tower?language=en.

6) G. E. Kreiner, E. C. Hollensbe, and M. L. Sheep, "Where Is the 'Me' among the 'We'? Identity Work and the Search for Optimal Balance," *Academy of Management Journal* 49 (2006): 1031–1057.

7) M. B. Brewer, "Motivations Underlying Ingroup Identification: Optimal Distinctiveness and Beyond," in *Intergroup Relations: The Role of Motivation and Emotion,* ed. S. Otten, K. Sassenberg, and T. Kessler (New York: Psychology Press 2009), 3–22.

8) S. Taggar, "Individual Creativity and Group Ability to Utilize Individual Creative Resources: A Multilevel Model," *Academy of Management Journal* 45 (2002): 315–330.

9) R. J. Ely and D. A. Thomas, "Cultural Diversity at Work: The Effects of Diversity Perspectives on Work Group Processes and Outcomes," *Administrative Science Quarterly* 26 (2001): 229–273.

10) J. T. Polzer, L. P. Milton, and W. B. Swann, "Capitalizing on Diversity: Interpersonal Congruence in Small Work Groups," *Administrative Science Quarterly* 47 (2002): 296–324.

11) B. Rigoni and J. Asplund, "Developing Employees' Strengths Boosts Sales, Profit, and Engagement," *Harvard Business Review,* September 2016.

12) C. Guignon, *On Being Authentic* (New York: Routledge, 2004).

13) M. Weber, *The Protestant Ethic and the Spirit of Capitalism* (New York: Scribner, 1952).

14) J. M. Twenge, *Generation Me: Why Today's Young Americans Are More Confident, Assertive, Entitled—and More Miserable Than Ever Before* (New York: Free Press, 2006).

15) G. Petriglieri, J. L. Petriglieri, and J. D. Wood, "Fast Tracks and Inner Journeys: Crafting Portable Selves for Contemporary Careers," *Administrative Science Quarterly* (forthcoming 2017).

5. 상황이 안 좋을수록 놀이와 실험이 중요하다

1) J. S. Wright and J. Panksepp, "An Evolutionary Framework to Understand Foraging, Wanting, and Desire: The Neuropsychology of the SEEKING System," *Neuropsychoanalysis* 14, no. 1 (2012): 5–75; J. Panksepp, et al., "Affective Neuroscience Strategies for Understanding and Treating Depression: From Preclinical Models to Three Novel Therapeutics," *Clinical*

Psychological Science 2 (2014): 472–494.

2) J. Burgdorf, J. Panksepp, and J. R. Moskal, "Frequency-Modulated 50 kHz Ultrasonic Vocalizations: A Tool for Uncovering the Molecular Substrates of Positive Affect," *Neuroscience and Biobehavioral Reviews* 35 (2011): 1831–1836.

3) H. P. Madrid et al., "The Role of Weekly High-Activated Positive Mood, Context, and Personality in Innovative Work Behavior: A Multilevel and Interactional Model," *Journal of Organizational Behavior* 35, no. 2 (2014): 234–256.

4) A. C. Edmondson, "Framing for Learning: Lessons in Successful Technology Implementation," *California Management Review* 45 (2003): 34–54.

5) Edmondson, "Framing for Learning"; C. S. Dweck and E. I. Leggett, "A Social-Cognitive Approach to Motivation and Personality," *Psychological Review* 95, no. 2 (1988): 256–273.

6) J. M. Worley and T. L. Doolen, "The Role of Communication and Management Support in a Lean Manufacturing Implementation," *Management Decision* 44, no. 2 (2006): 228–245.

7) E. Abrahamson, "Avoiding Repetitive Change Syndrome," *Sloan Management Review* 45, no. 2 (2004): 93–95.

8) V. H. Denenberg, D. S. Kim, and R. D. Palmiter, "The Role of Dopamine in Learning, Memory, and Performance of a Water Escape Task," *Behavioural Brain Research* 148 (2004): 73–78.

6. 딱 알맞은 자유와 창의성이 실패를 줄인다

1) T. M. Amabile, *Creativity in Context* (Boulder, CO: Westview Press, 1996).

2) D. Vandewalle et al., "The Influence of Goal Orientation and Self-Regulation Tactics on Sales Performance: A Longitudinal Field Test," *Journal of Applied Psychology* 84 (1994): 249–259.

3) R. Kanfer and P. L. Ackerman, "Motivation and Cognitive Abilities: An Integrative/Aptitude-Treatment Interaction Approach to Skill Acquisition," *Journal of Applied Psychology* 74 (1989): 657–690.

4) M. Arndt, "3M's Seven Pillars of Innovation," *BusinessWeek,* May 10, 2006; D. H. Pink, *Drive: The Surprising Truth About What Motivates Us* (Edinburgh: Canongate, 2010).

5) A. Campbell et al., "The Future of Corporate Venturing," *MIT Sloan Management Review* (2003).

6) "Shell—GameChanger," Strategos, http://www.strategos.com/client/shell-gamechanger/.

7) Ibid.

8) Jillian D'Onfro, "The Truth about Google's Famous '20% Time' Policy," *Business Insider,* April 2015, http://uk.businessinsider.com/google-20-percent-time-policy-2015-4.

9) A. Ross, "Why Did Google Abandon 20% Time for Innovation?" HR Zone, June 3, 2015, http://www.hrzone.com/lead/culture/why-did-google-abandon-20-time-for-innovation.

10) A. Truong, "Why Google Axed Its '20% Time' Policy," *Fast Company,* August 16, 2013, https://www.fastcompany.com/3015877/why-google-axed-its-20-policy.

11) D. Sivers, "How to Start a Movement," TED2010, February 10, 2010, http://www.ted.com/talks/derek_sivers_how_to_start_a_movement.html.

12) "More Wood Behind Fewer Arrows," Google Blog, July 20, 2011, https://googleblog.blogspot.co.uk/2011/07/more-wood-behind-fewerarrows.html.

7. 섬김의 리더십이 탐색 시스템에 불을 붙인다

1) B. P. Owens and D. R. Hekman, "Modeling How to Grow: An Inductive Examination of Humble Leader Behaviors, Contingencies, and Outcomes," *Academy of Management Journal* 55 (2012): 787–818.

2) M. E. Inesi, D. H. Gruenfeld, and A. D. Galinsky, "How Power Corrupts Relationships: Cynical Attributions for Others' Generous Acts," *Journal of Experimental Social Psychology* 48 (2012): 795–803.

3) Owens and Hekman, "Modeling How to Grow."

4) J. C. Magee and A. D. Galinsky, "Social Hierarchy: The Self-Reinforcing Nature of Power and Status," *Academy of Management Annals* 2 (2008): 1351–1398.

5) B. P. Owens and D. R. Hekman, "How Does Leader Humility Influence Team Performance? Exploring the Mechanisms of Contagion and Collective Promotion Focus," *Academy of Management Journal* 59 (2016): 1088–1111; R. C. Liden, "Servant Leadership and Serving Culture: Influence on

Individual and Unit Performance," *Academy of Management Journal* 57 (2014): 1434–1452.

6) R. K. Greenleaf, *Servant Leadership: A Journey into the Nature of Legitimate Power and Greatness* (Mahwah, NJ: Paulist Press, 1977).

7) Owens and Hekman, "Modeling How to Grow."

8) D. D. Whitney and A. Trosten-Bloom, *The Power of Appreciative Inquiry: A Practical Guide to Positive Change* (San Francisco: Berrett-Koehler Publishers, 2010).

9) D. Kahneman, *Thinking, Fast and Slow* (London: Penguin, 2012).

8. 내적 동기부여의 핵심은 진정성이다

1) https://youtu.be/oUHEsk3KzVo에서 공장의 모습을 볼 수 있다.

2) https://www.nokiantires.com/innovation/research-and-development/fastest-on-ice/fastest-on-ice-2011/에서 얀 라이트넨의 기술을 볼 수 있다.

3) P. L. Hill and N. A. Turiano, "Purpose in Life as a Predictor of Mortality across Adulthood," *Psychological Science* 25, no. 7 (2014): 1482–1486. doi: 10.1177/0956797614531799.

4) A. M. Grant, "The Significance of Task Significance: Job Performance Effects, Relational Mechanisms, and Boundary Conditions," *Journal of Applied Psychology* 93 (2008): 108–124.

5) A. M. Grant and D. A. Hofmann, "Outsourcing Inspiration: The Performance Effects of Ideological Messages from Leaders and Beneficiaries," *Organizational Behavior and Human Decision Processes* 116 (2011): 173–187; A. M. Grant, "How Customers Can Rally Your Troops," *Harvard Business Review,* June 2011.

6) C. F. Bond, Jr., K. N. Kahler, and L. M. Paolicelli, "The Miscommunication of Deception: An Adaptive Perspective," *Journal of Experimental Social Psychology* 21, no. 4 (1985): 21 331–345.

1) R. K. Greenleaf, *Servant Leadership: A Journey into the Nature of Legitimate Power and Greatness* (Mahwah, NJ: Paulist Press, 1977).

2) R. R. Vallacher and D. A. Wegner, "What Do People Think They're Doing? Action Identification and Human Behavior," *Psychological Review* 94 (1987): 3–15.

3) K. Fujita et al., "Construal Levels and Self-Control," *Journal of Personality and Social Psychology* 90 (2006): 351–367.

4) T. Wilson, *Redirect: Changing the Stories We Live By* (London: Penguin, 2013).

5) https://www.youtube.com/watch?v=r6JtlhhdjBw&feature=youtu.be는 캔디스가 자신의 업무를 설명하는 영상이다.

6) B. E. Ashforth and G. E. Kreiner, "'How Can You Do It?': Dirty Work and the Challenge of Constructing a Positive Identity," *Academy of Management Review* 24 (1999): 413–434.

7) G. Spreitzer et al., "Toward Human Sustainability: How to Enable More Thriving at Work," *Organizational Dynamics* 41 (2012): 155–162.

8) Wilson, *Redirect*.

9) S. W. Cole, D. J. Yoo, and B. Knutson, "Interactivity and Reward-Related Neural Activation During a Serious Videogame," *PLoS ONE* 7, no.3 (2012): e33909. doi:10.1371/journal.pone.0033909.

10) 게임에 대해 더 알고 싶다면 www.re-mission.net을 보라.

11) Cole, Yoo, and Knutson, "Interactivity and Reward-Related Neural Activation."

12) K. L. Milkman, T. Rogers, and M. H. Bazerman, "Harnessing Our Inner Angels and Demons: What We Have Learned About Want/Should Conflicts and How That Knowledge Can Help Us Reduce Short-Sighted Decision Making," *Perspectives on Psychological Science* 3 (2008): 324–338.

13) Ibid.

14) V. E. Frankl, *Man's Search for Meaning* (New York: Beacon Press, 2006), 76.

15) T. Bisoux, "Corporate Counter Culture," *BizEd* 4 (2004): 16–20.

찾아보기

옮긴이 **이상원**

서울대학교 가정관리학과와 노어노문학과를 졸업하고 한국외국어대학교 통번역대학원에서
석사와 박사 학위를 받았다. 서울대 기초교육원 강의 교수로 글쓰기 강의를 하고 있으며, 《적을
만들지 않는 대화법》, 《첫째 딸로 태어나고 싶지는 않았지만》 등 80여 권의 책을 우리말로 옮겼다.
저서로는 《서울대 인문학 글쓰기 강의》, 《매우 사적인 글쓰기 수업》, 《엄마와 함께한 세 번의
여행》이 있다.

그 회사는 직원을 설레게 한다

초판 1쇄 발행   2020년 1월 31일
초판 2쇄 발행   2020년 2월 17일

지은이   대니얼 M. 케이블
옮긴이   이상원

펴낸이 • 박선경
기획/편집 • 권혜원, 한상일, 남궁은
홍보 • 권장미
마케팅 • 박언경
표지 디자인 • dbox
본문 디자인 • 디자인원
제작 • 디자인원(031-941-0991)

펴낸곳 • 도서출판 갈매나무
출판등록 • 2006년 7월 27일 제2006-000092호
주소 • 경기도 고양시 일산동구 호수로 358-25 (백석동, 동문타워II) 912호
전화 • 031)967-5596
팩스 • 031)967-5597
블로그 • blog.naver.com/kevinmanse
이메일 • kevinmanse@naver.com
페이스북 • www.facebook.com/galmaenamu

ISBN   979-11-90123-77-8 / 03320
값 16,000원

이 도서의 국립중앙도서관 출판예정도서목록(CIP)은 서지정보유통지원시스템 홈페이지
(http://seoji.nl.go.kr)와 국가자료종합목록 구축시스템(http://kolis-net.nl.go.kr)에서
이용하실 수 있습니다.(CIP제어번호: CIP2020000024)